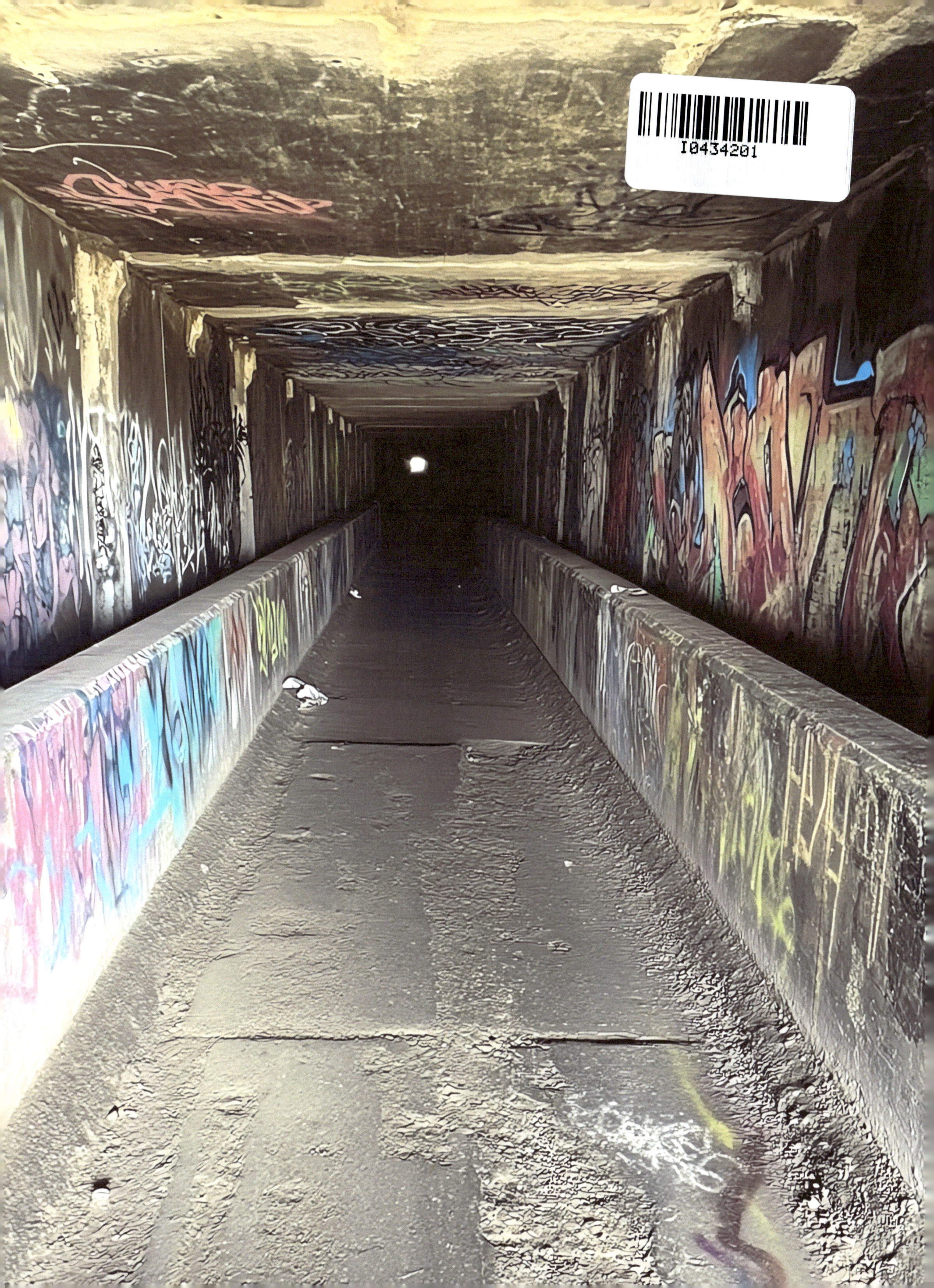

I0434201

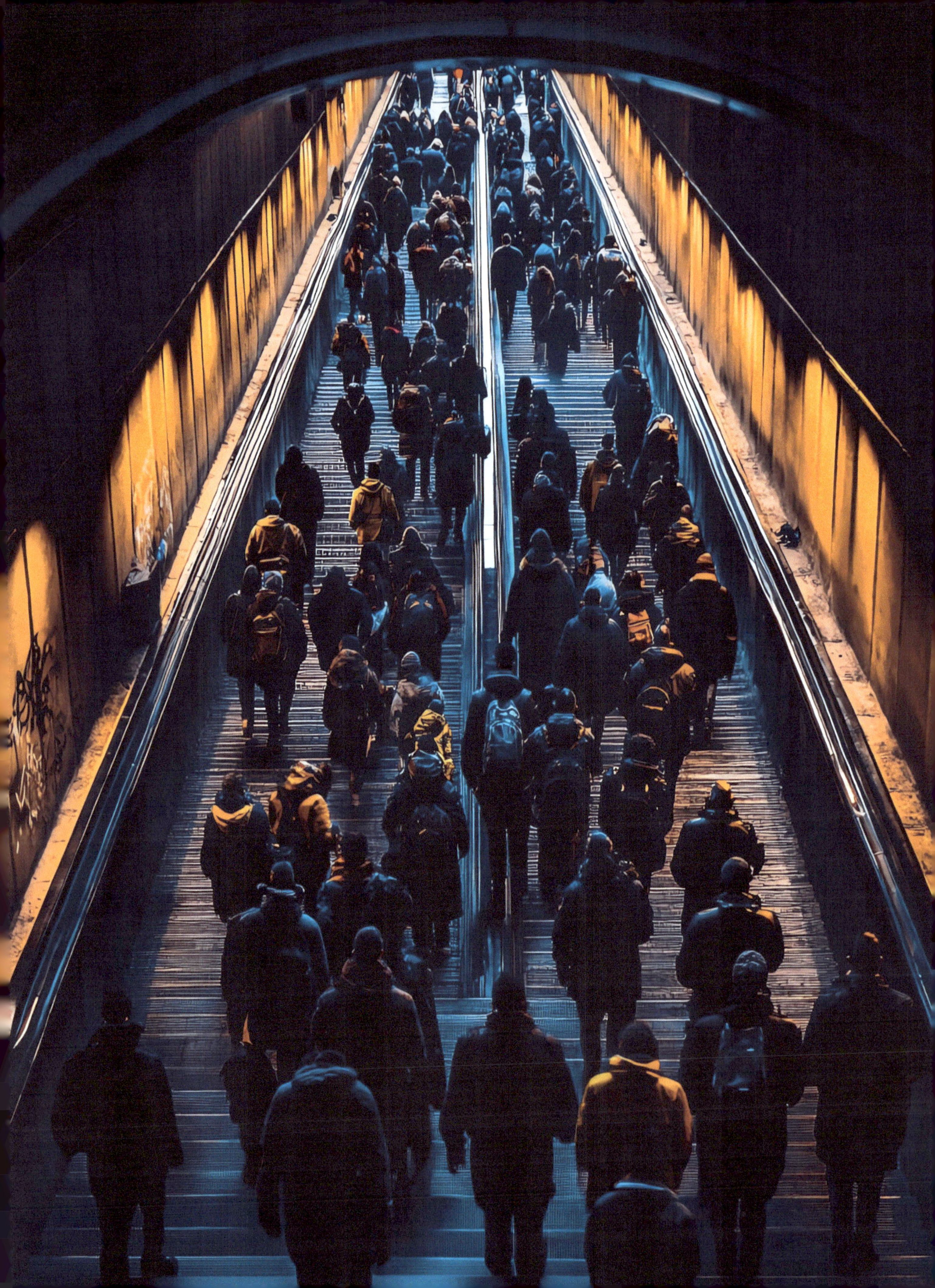

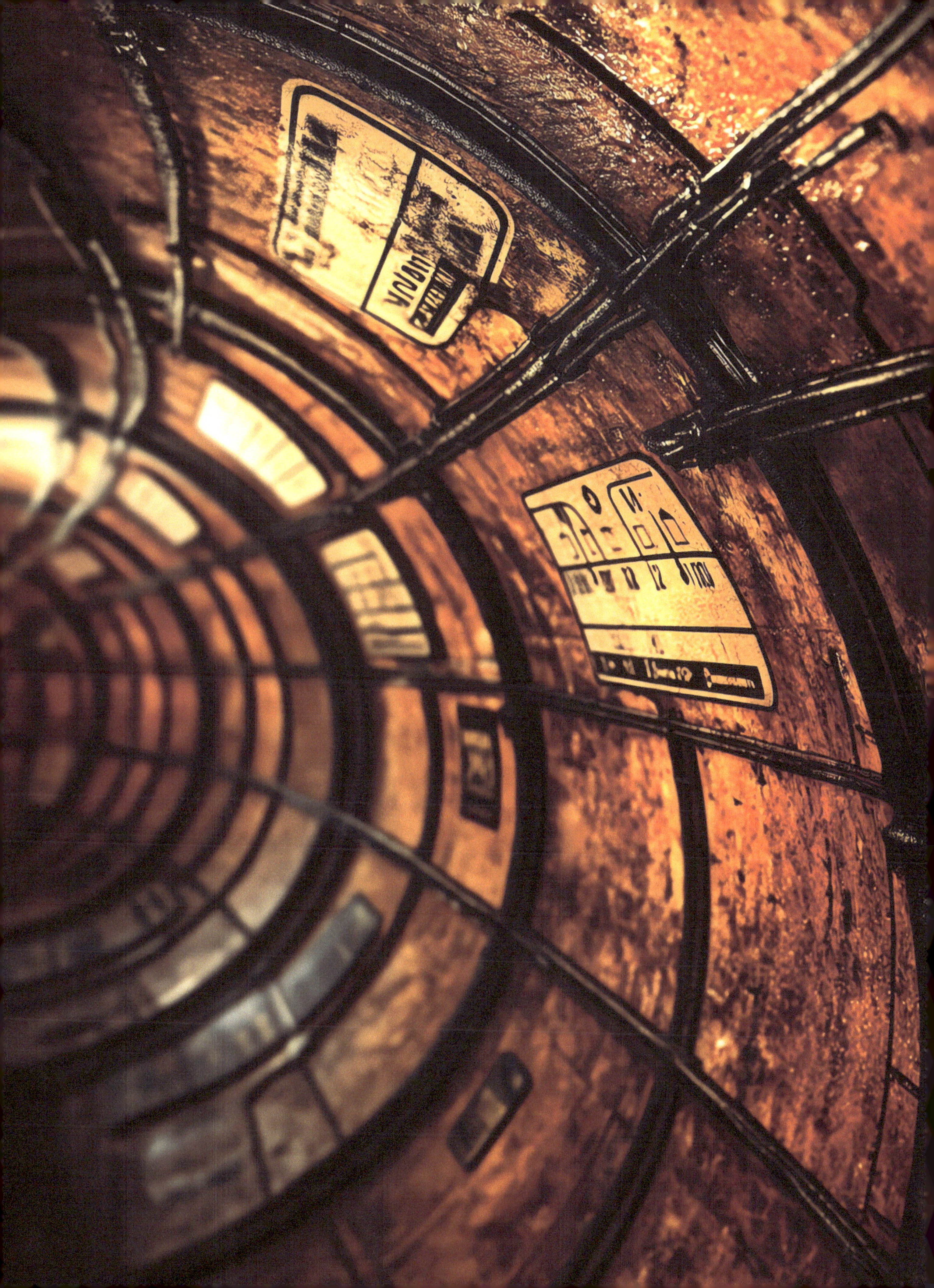

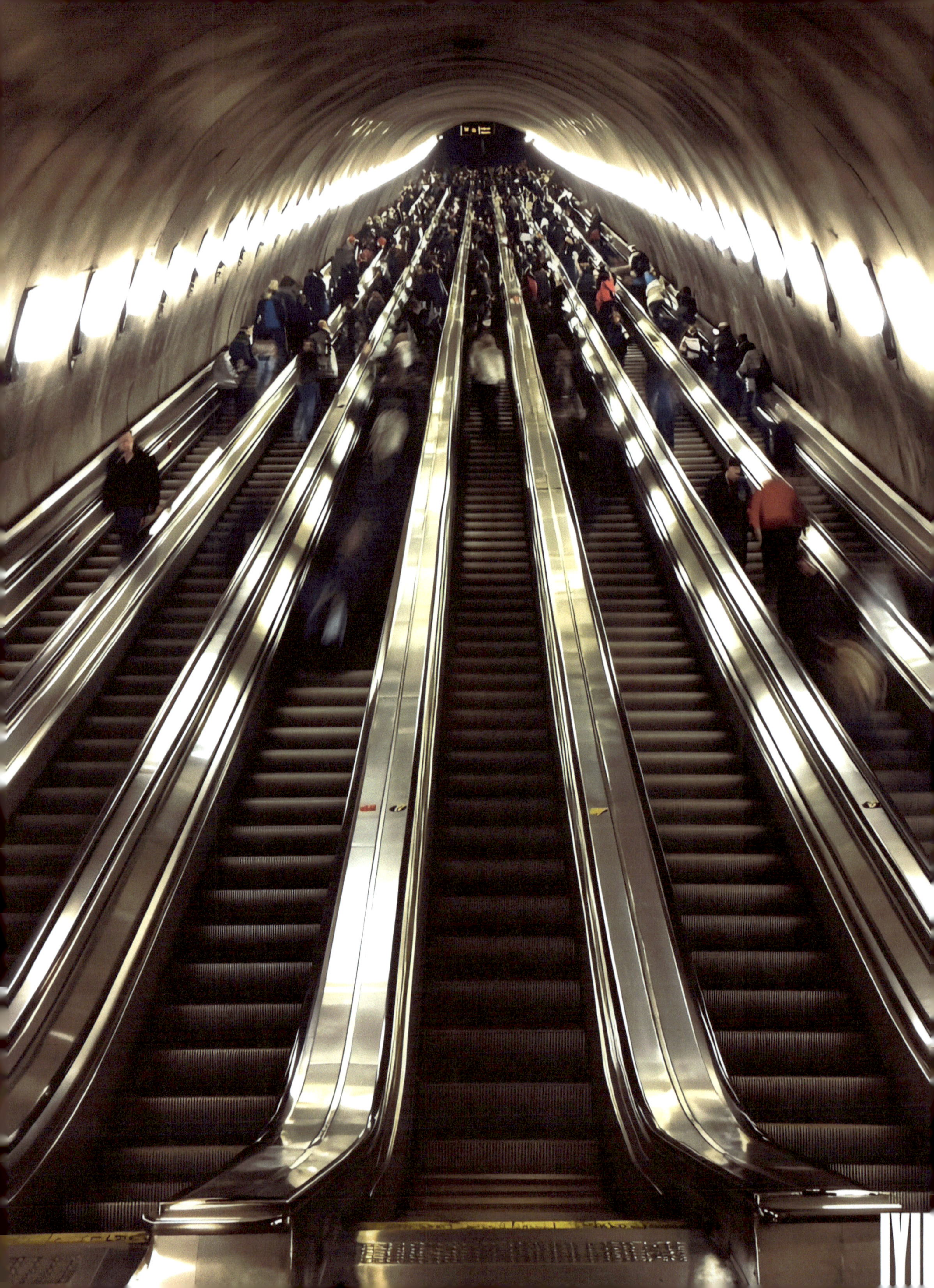

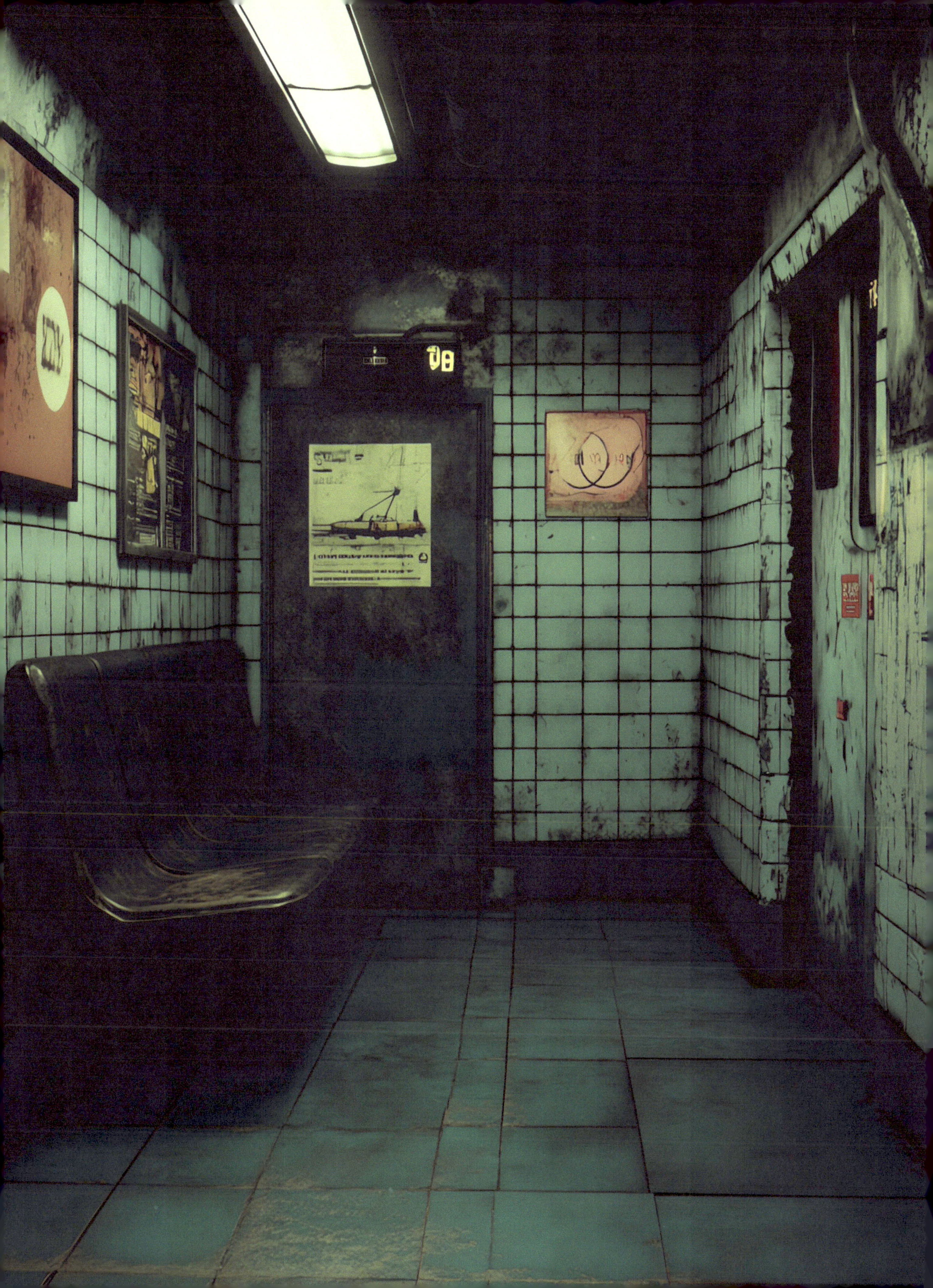

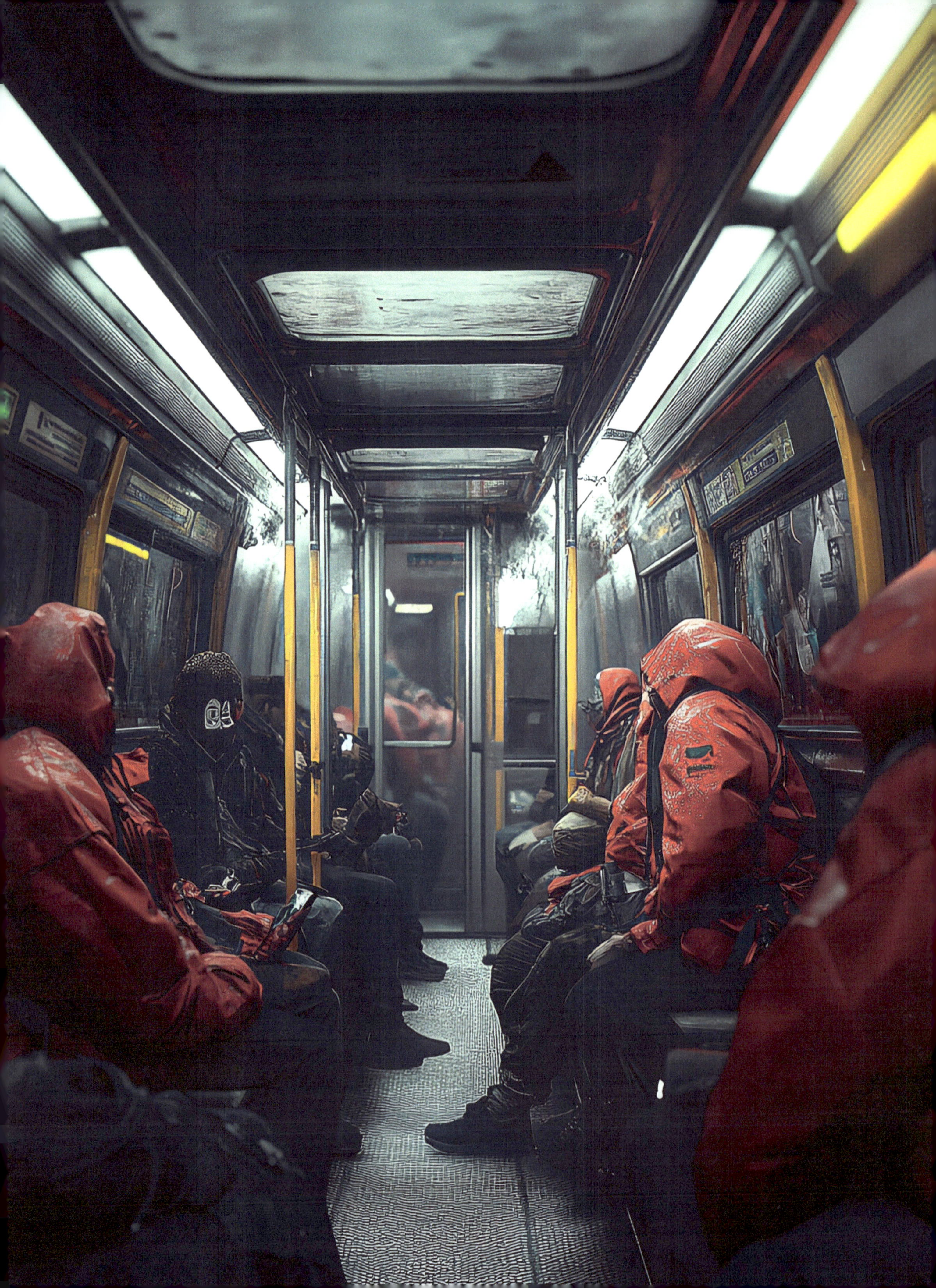

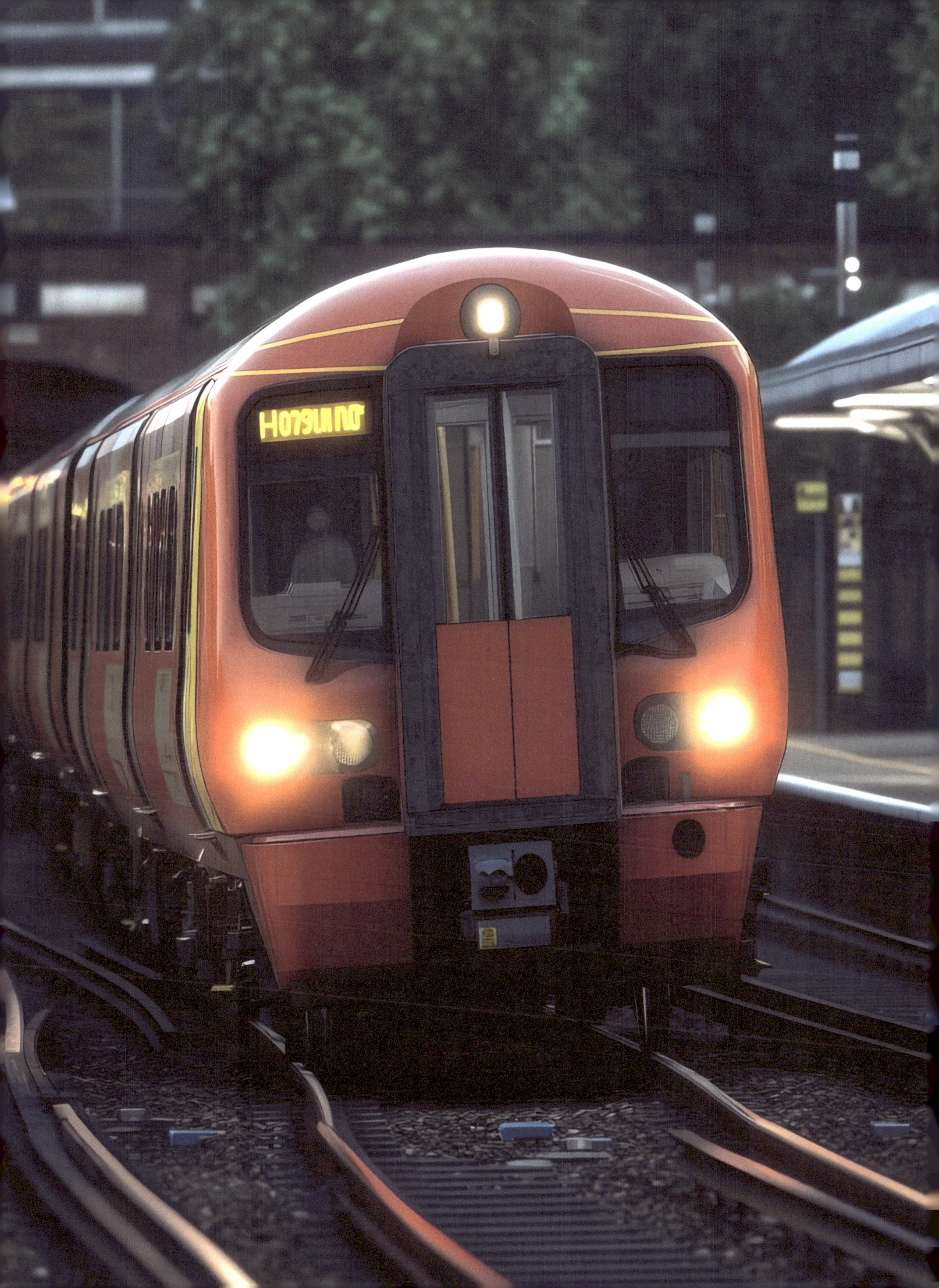

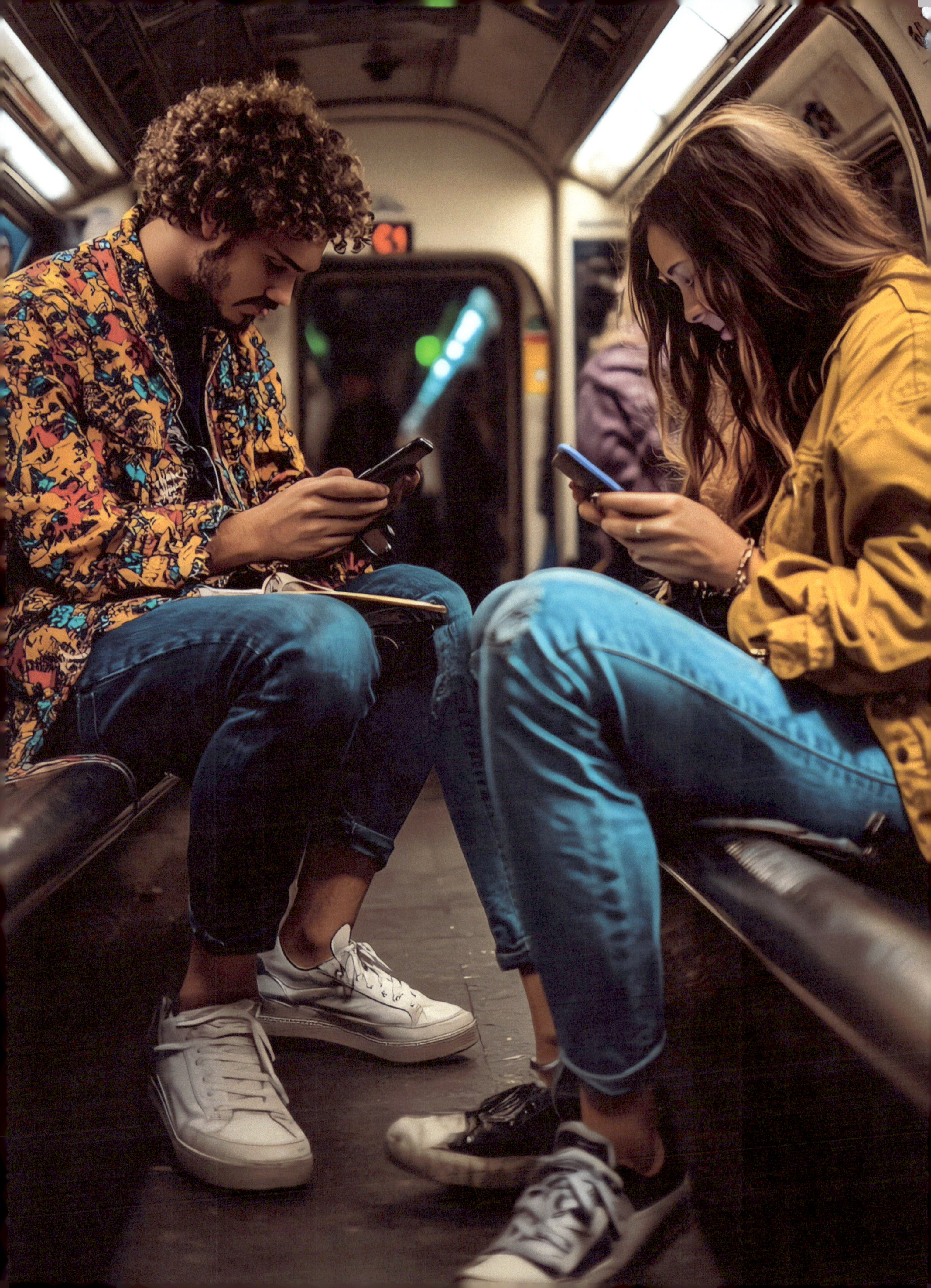

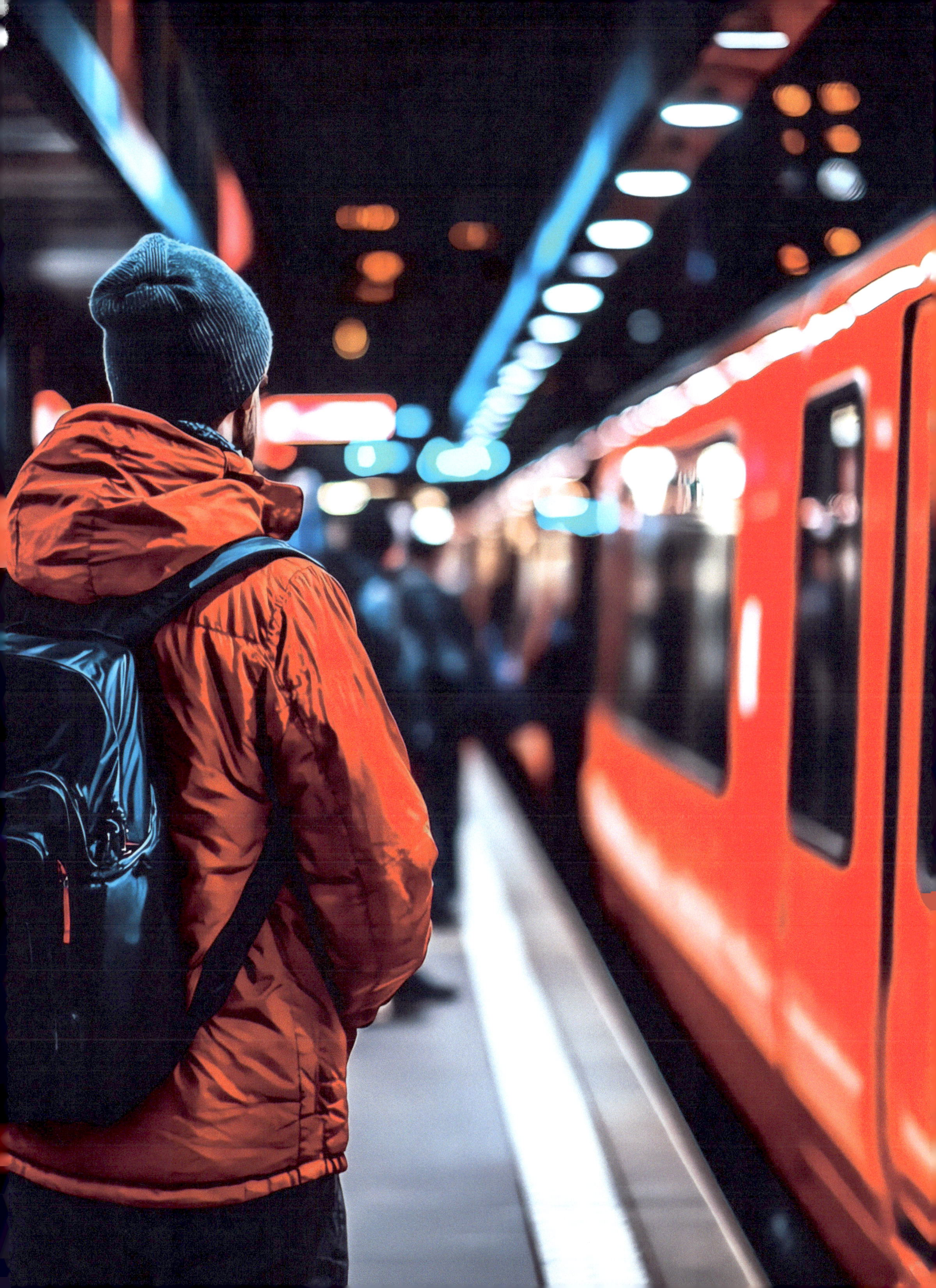

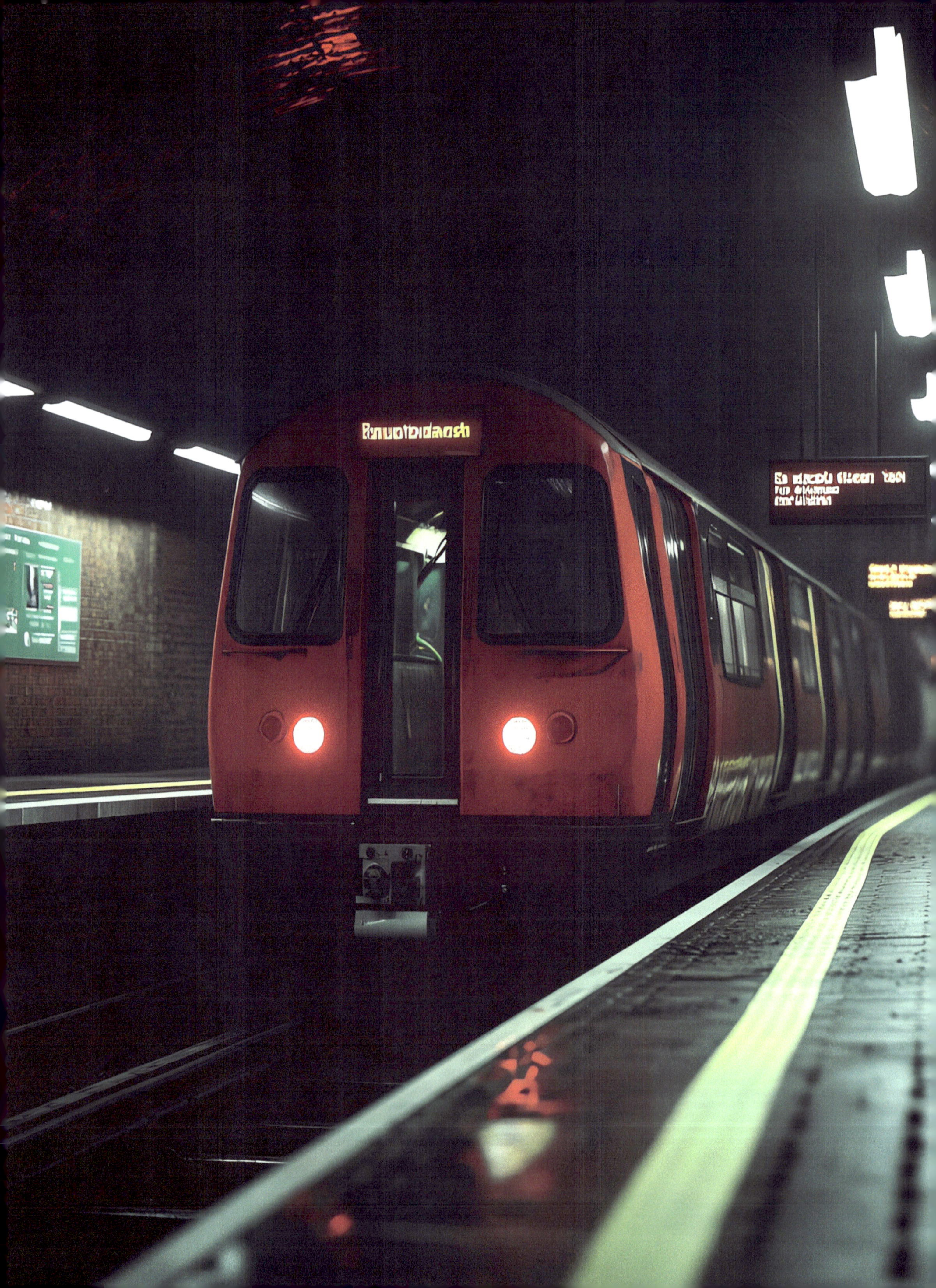

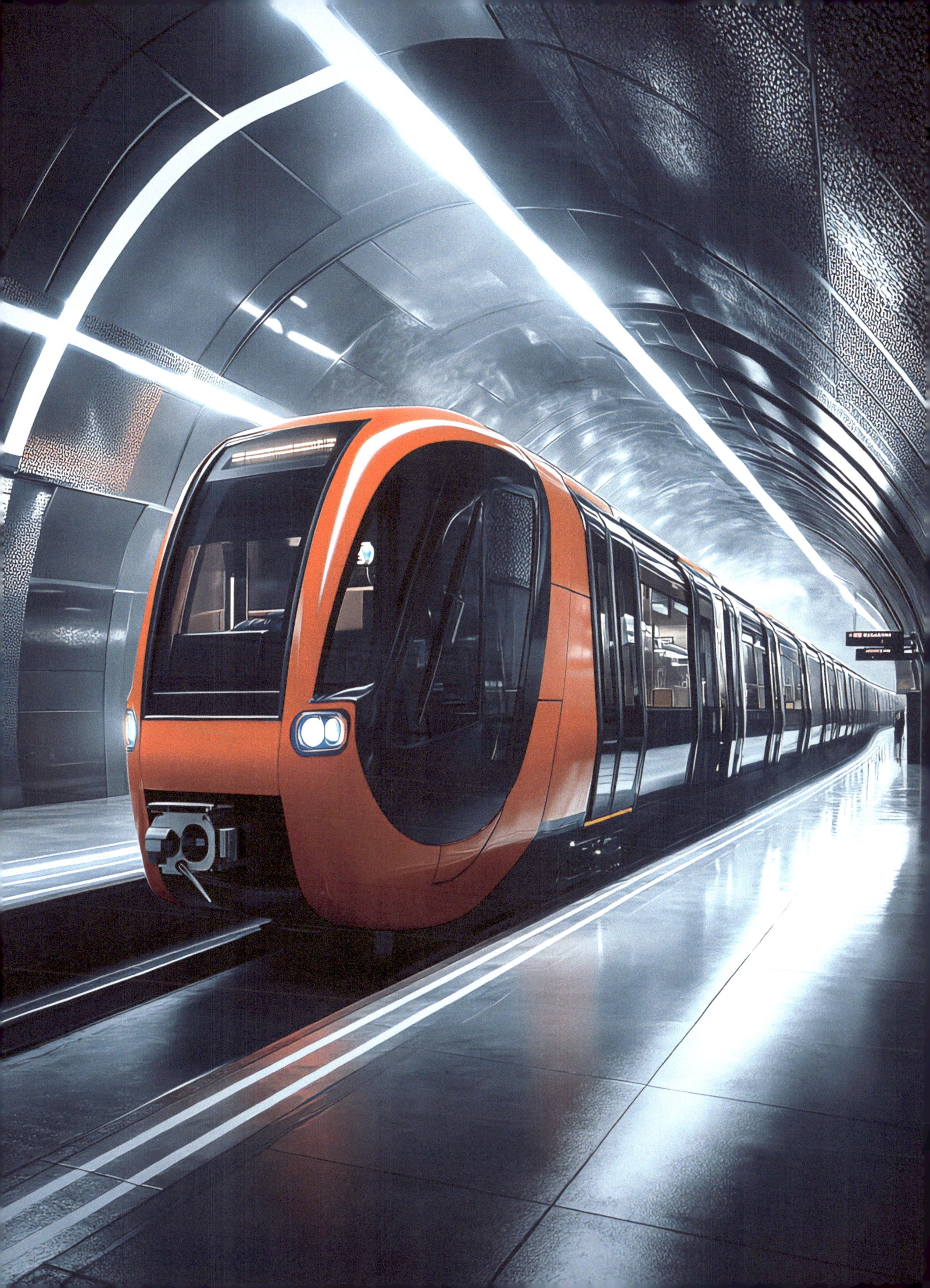

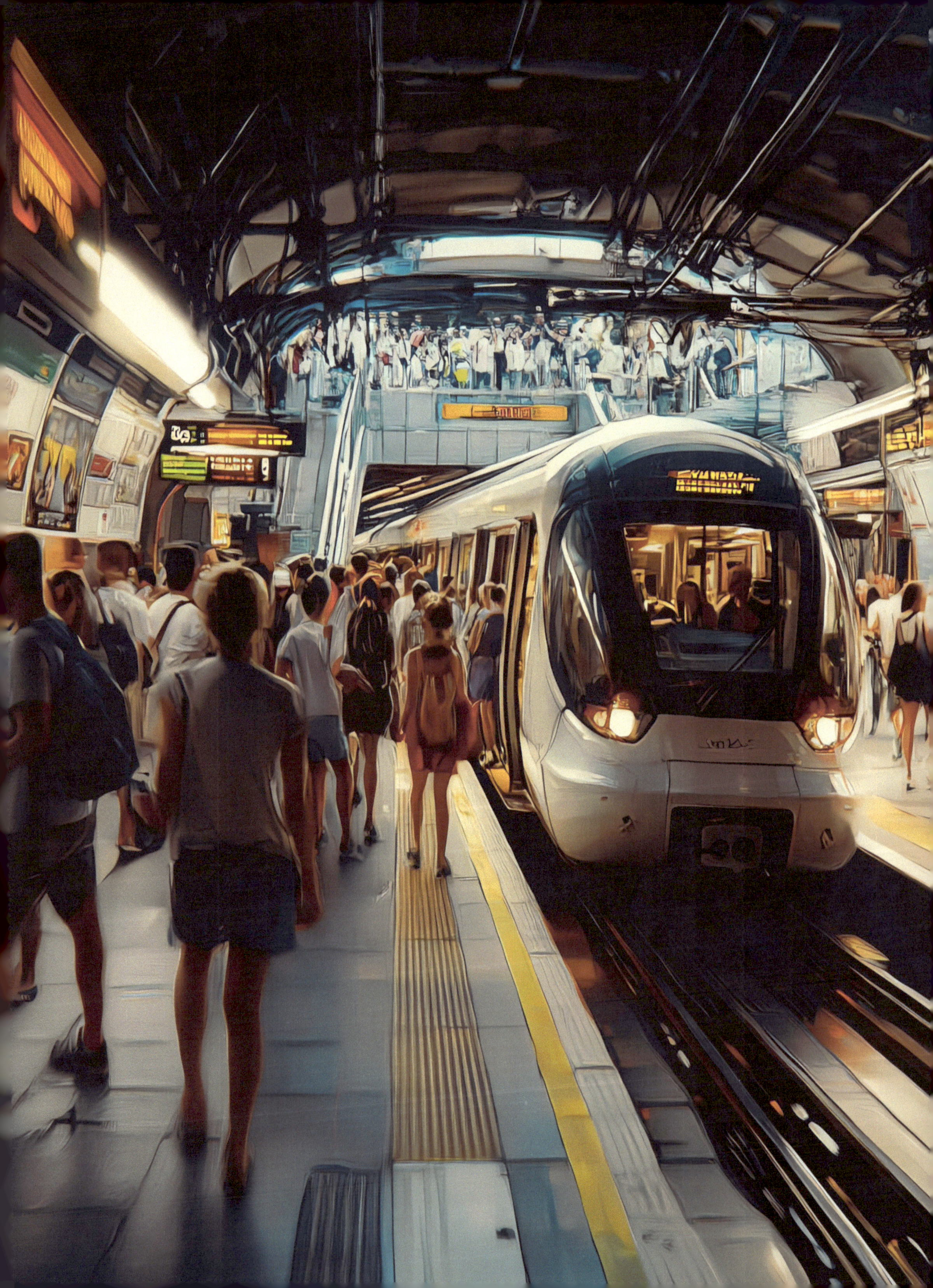

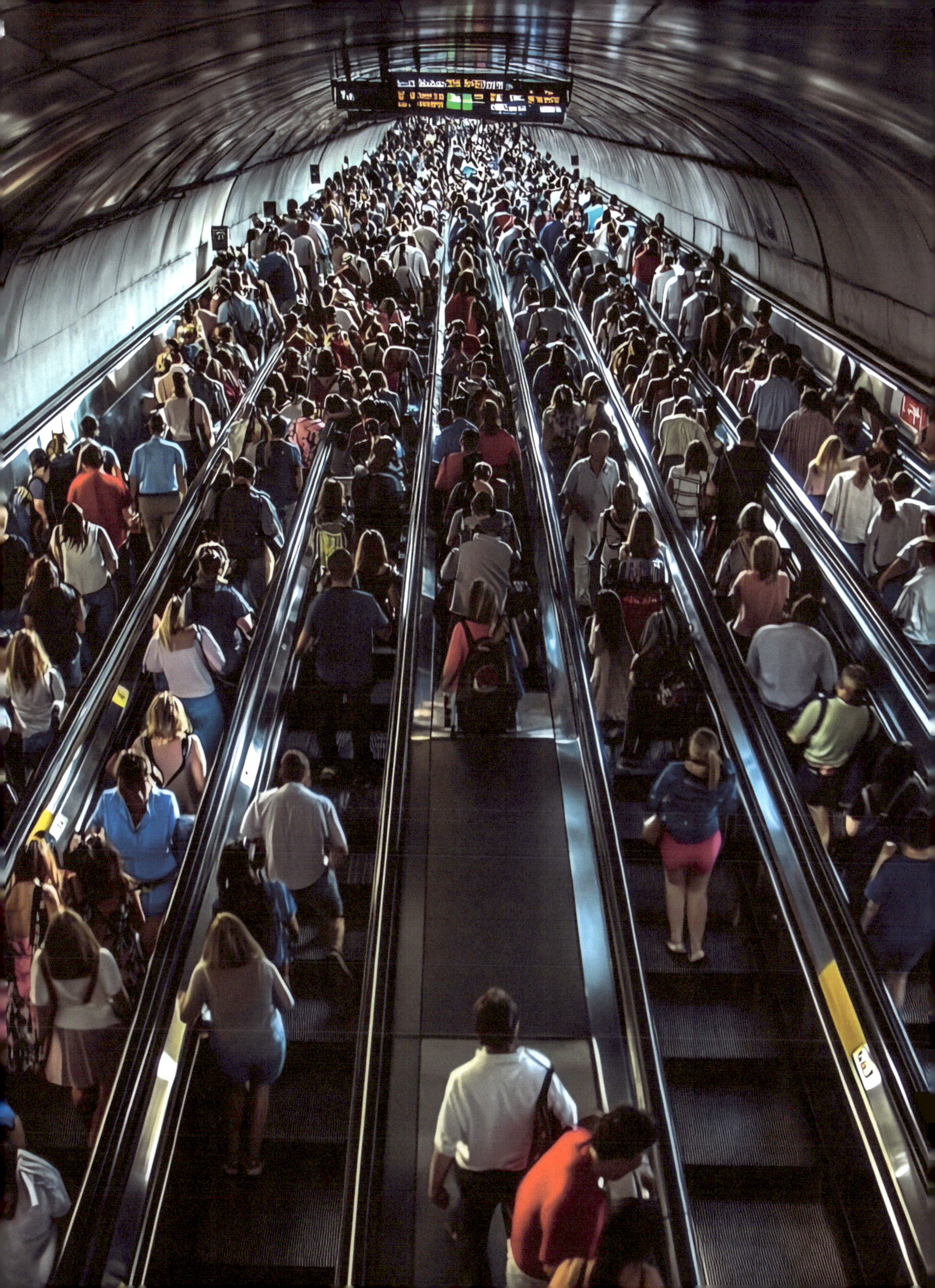

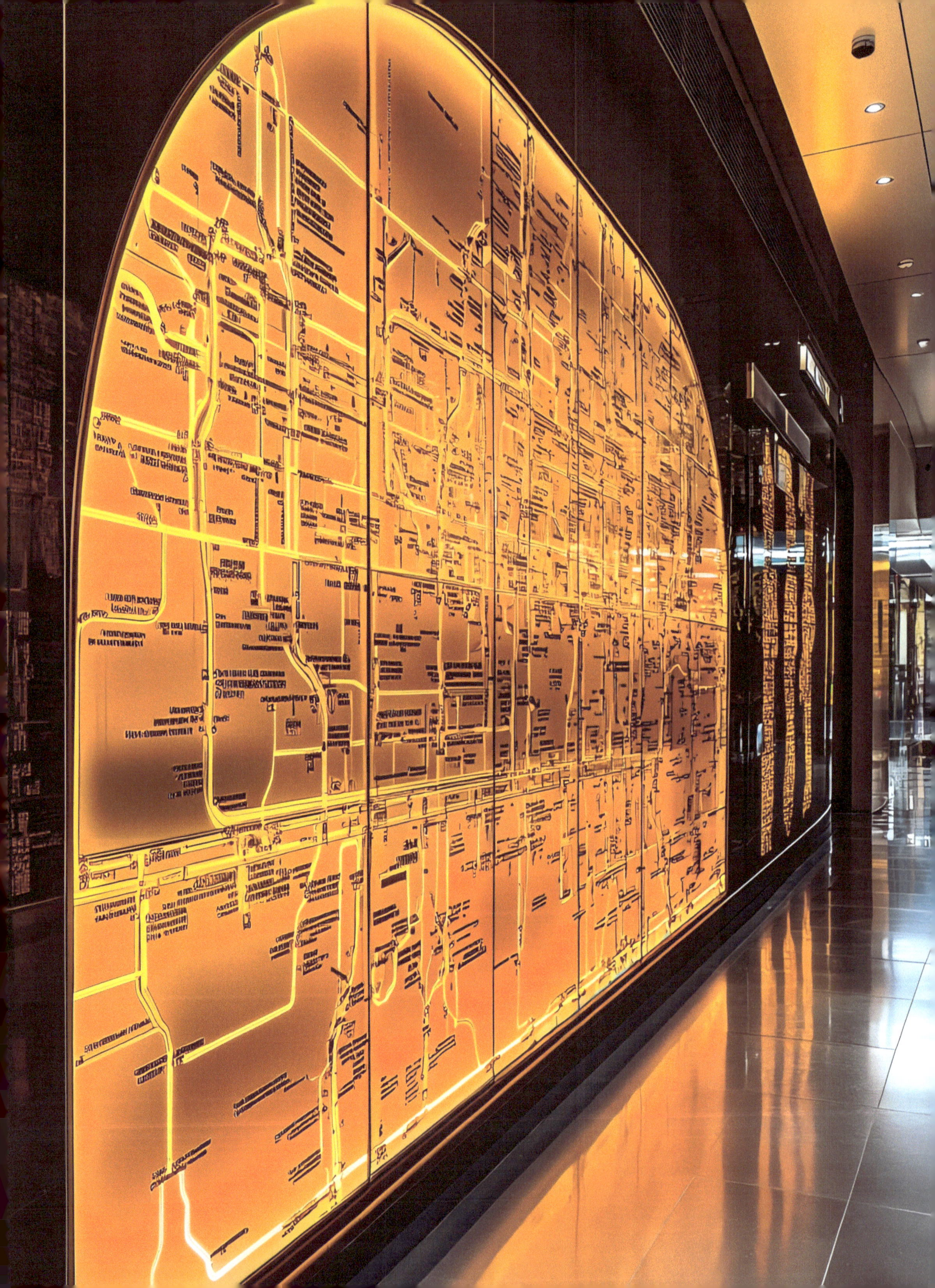

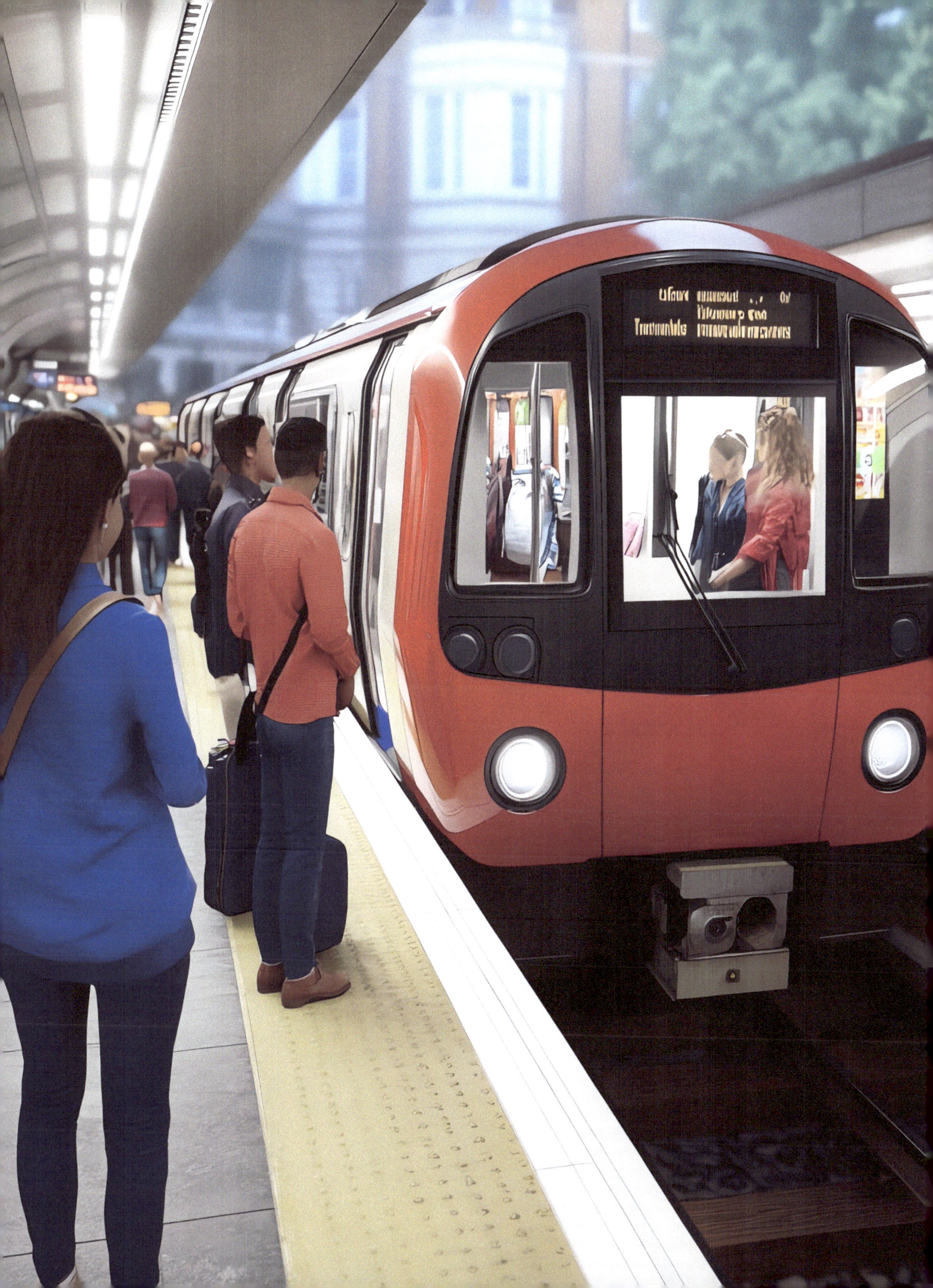

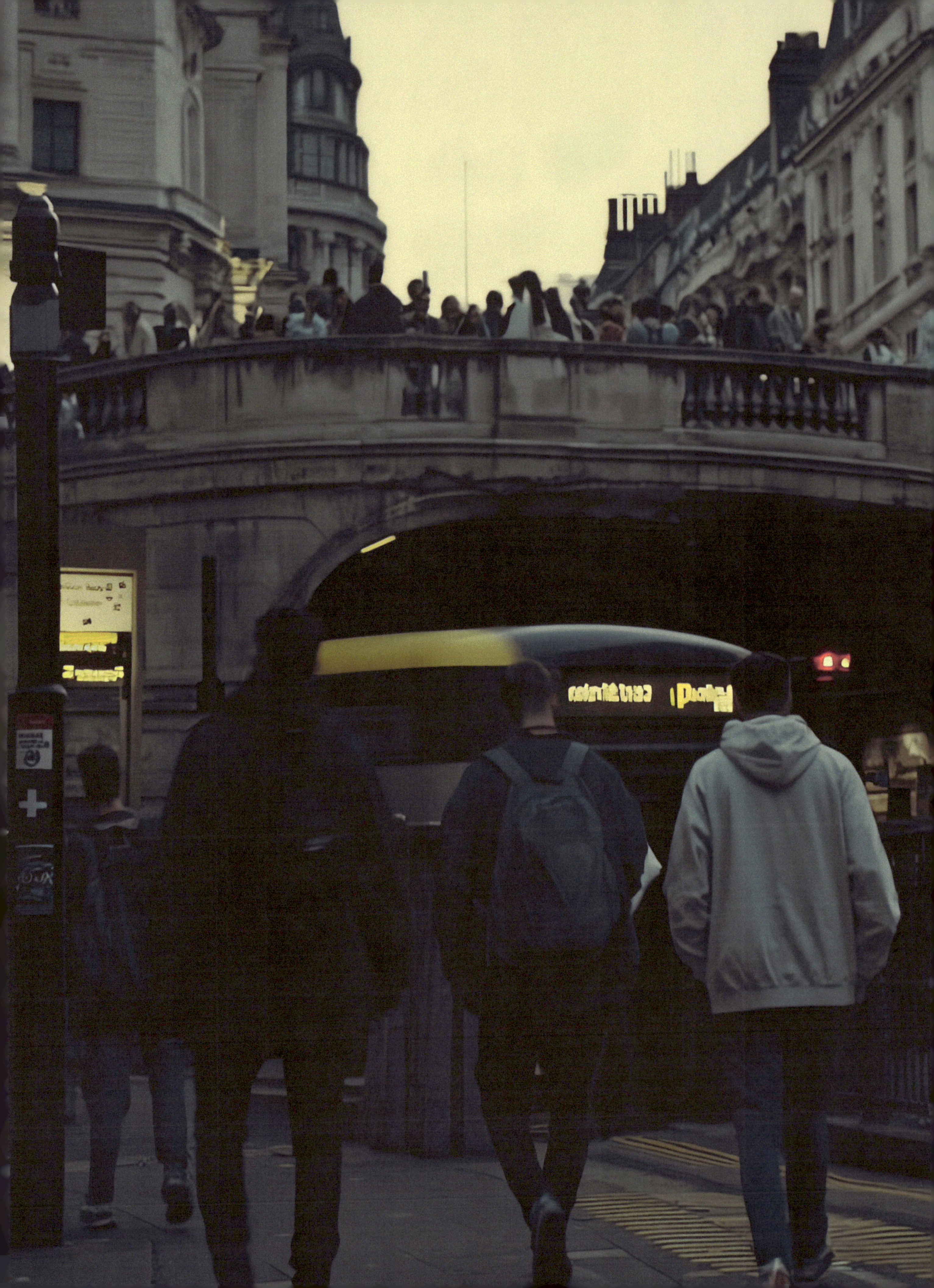

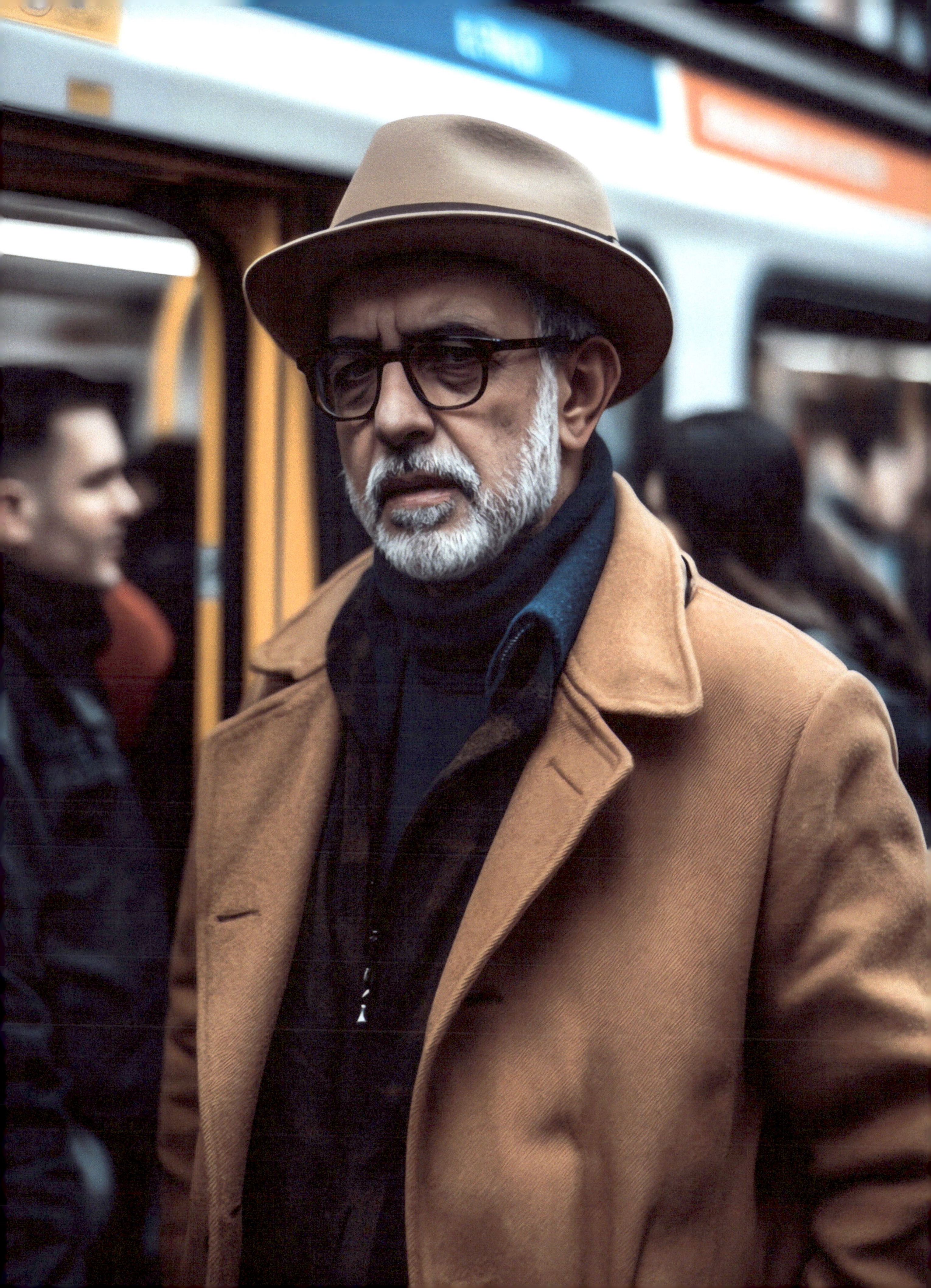

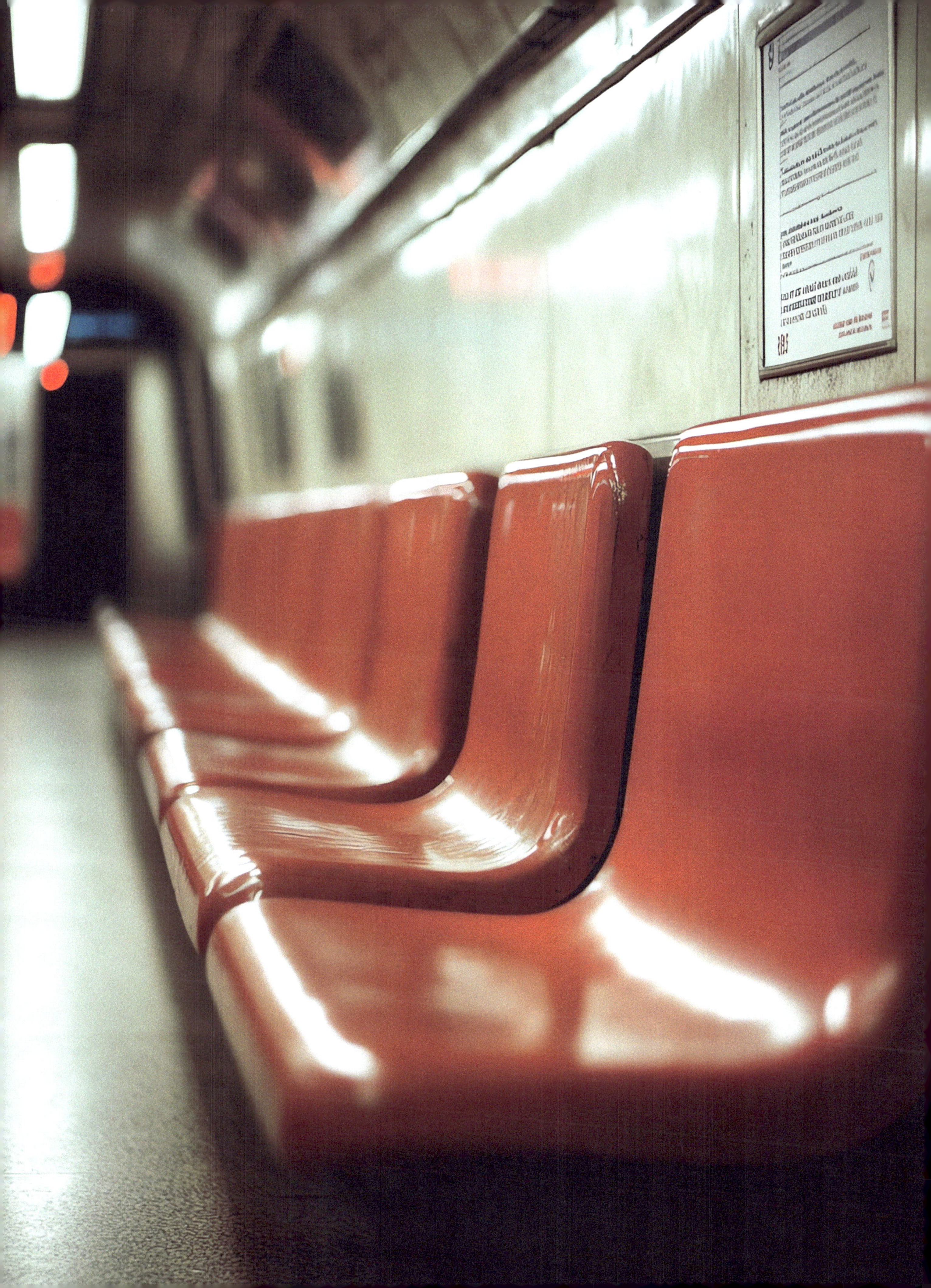

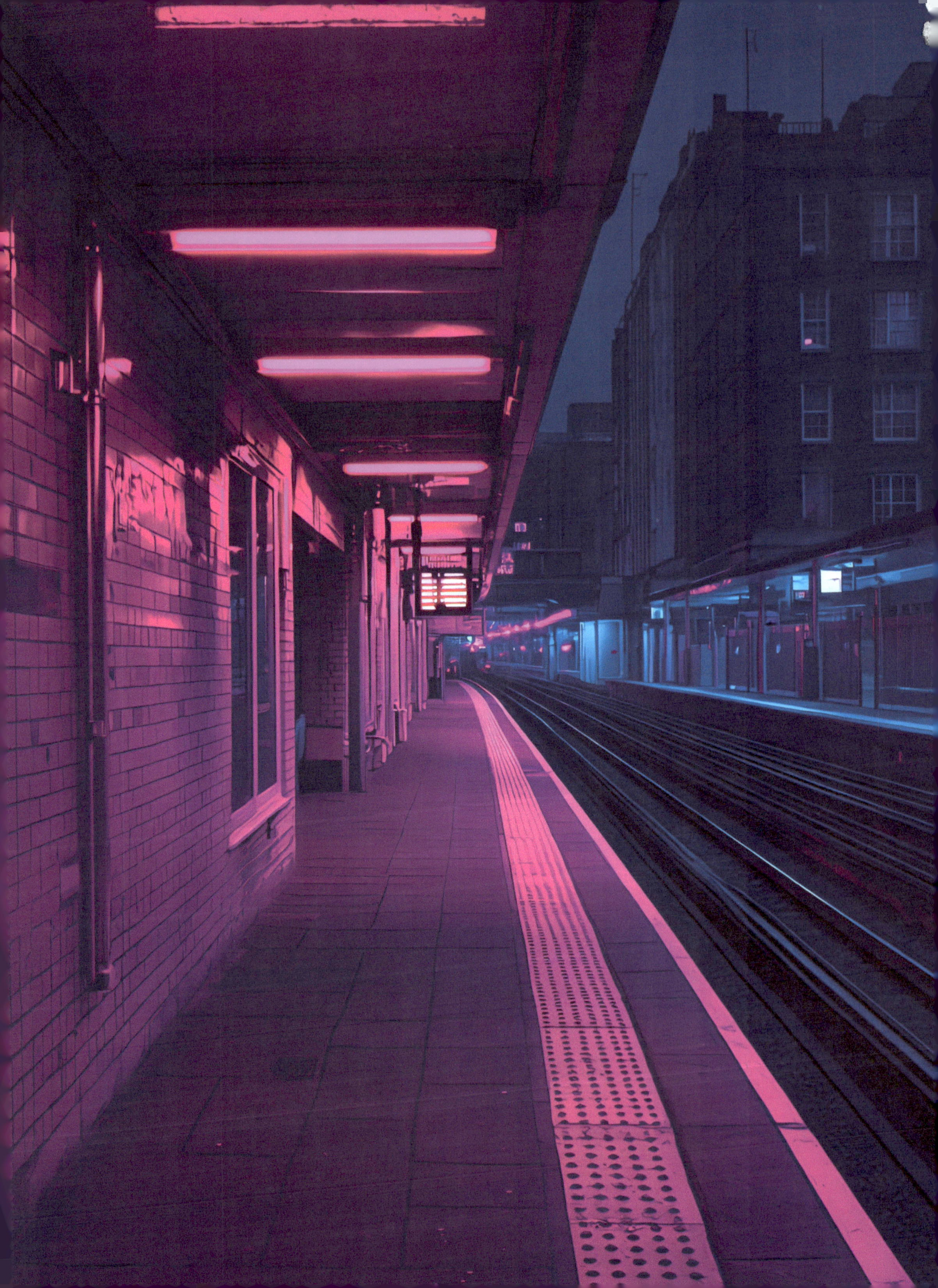

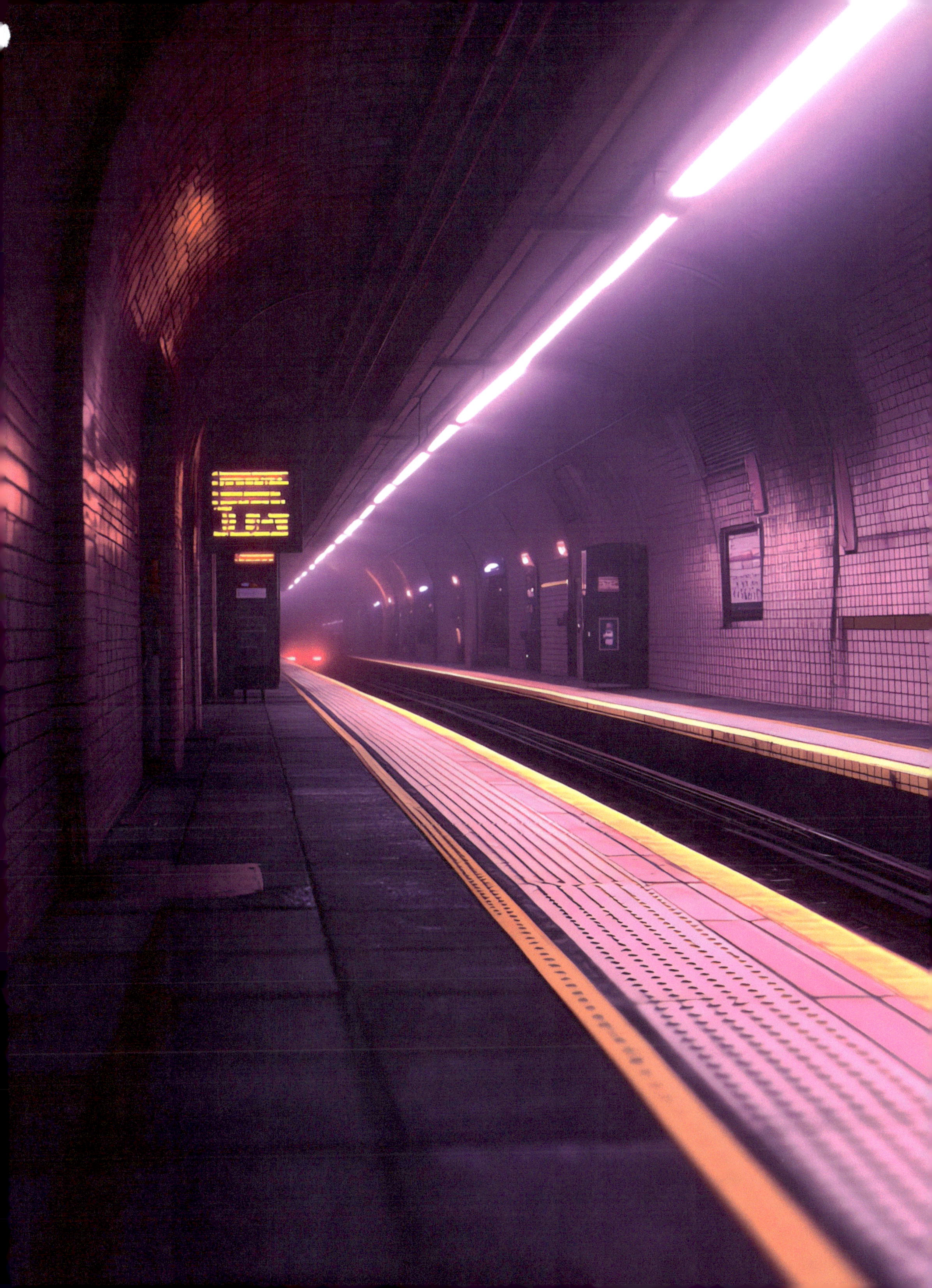

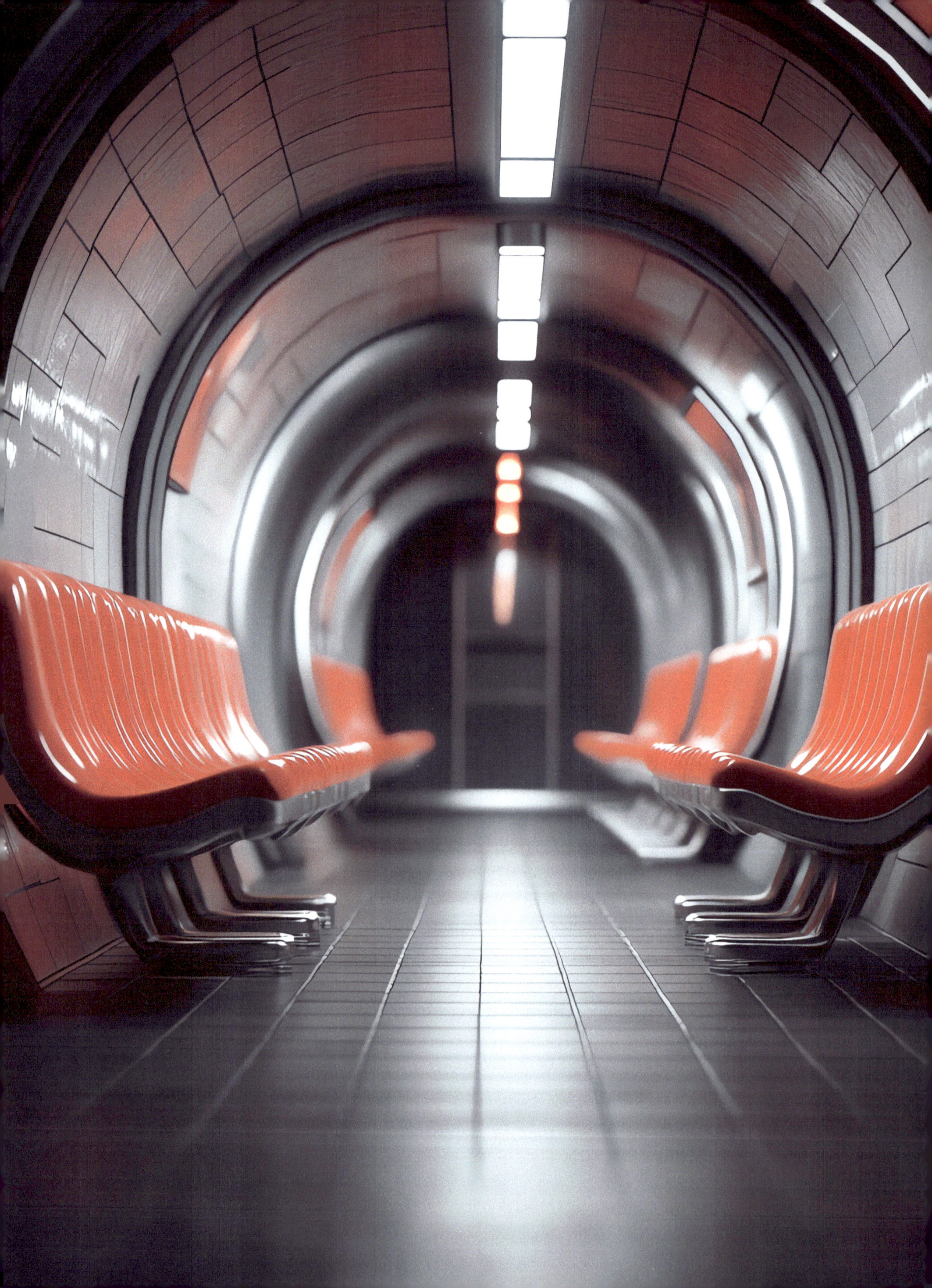

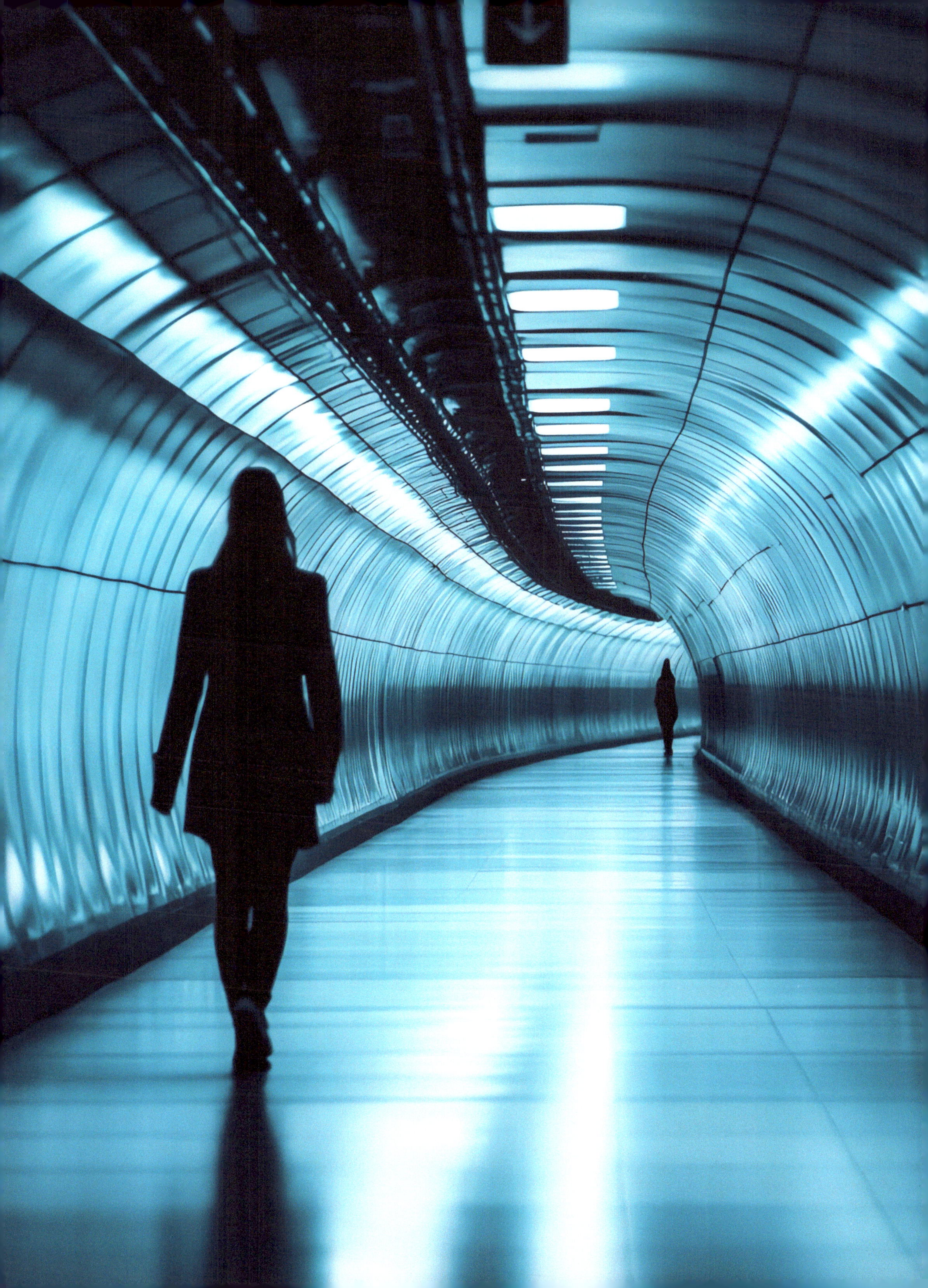

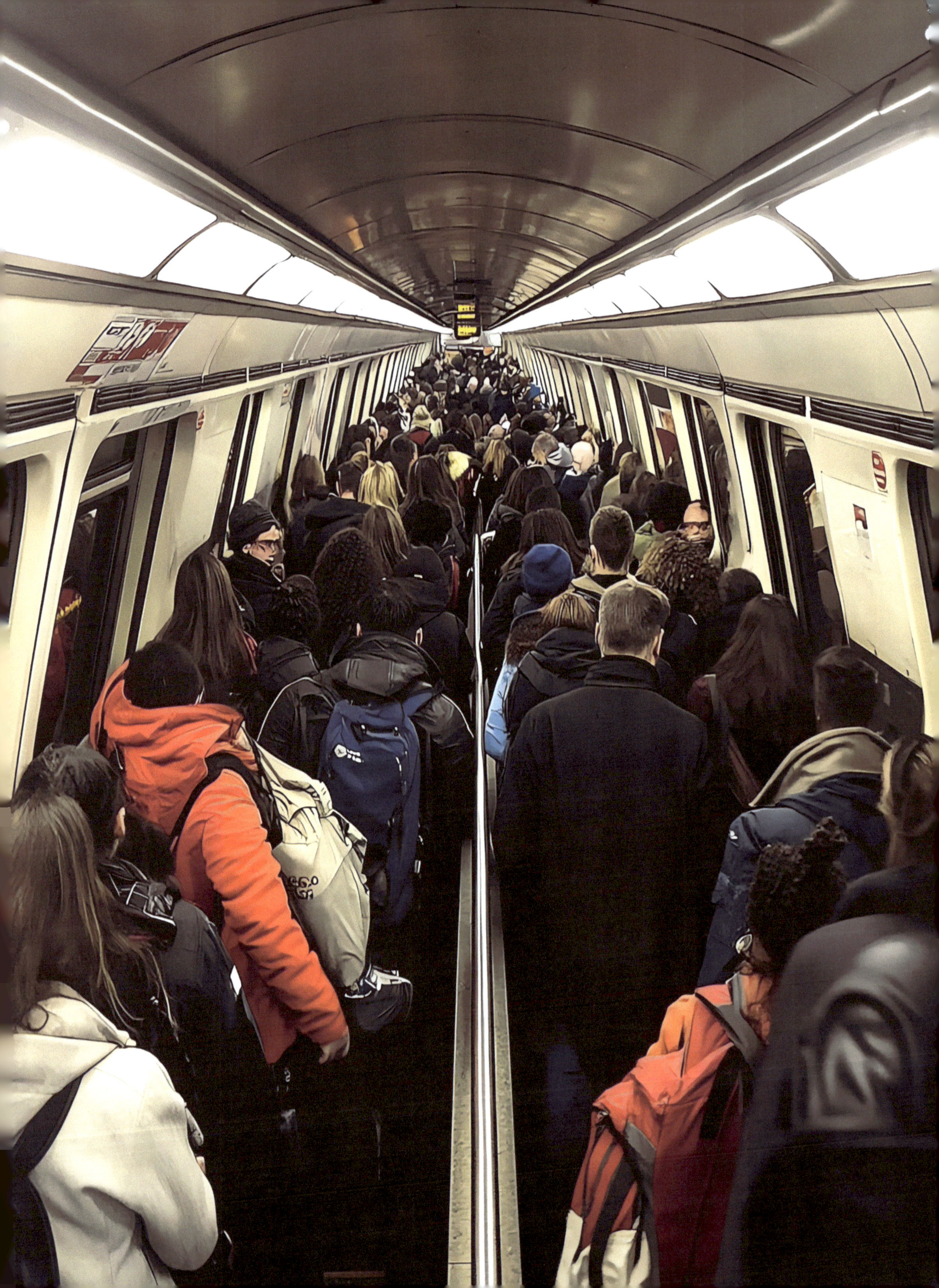

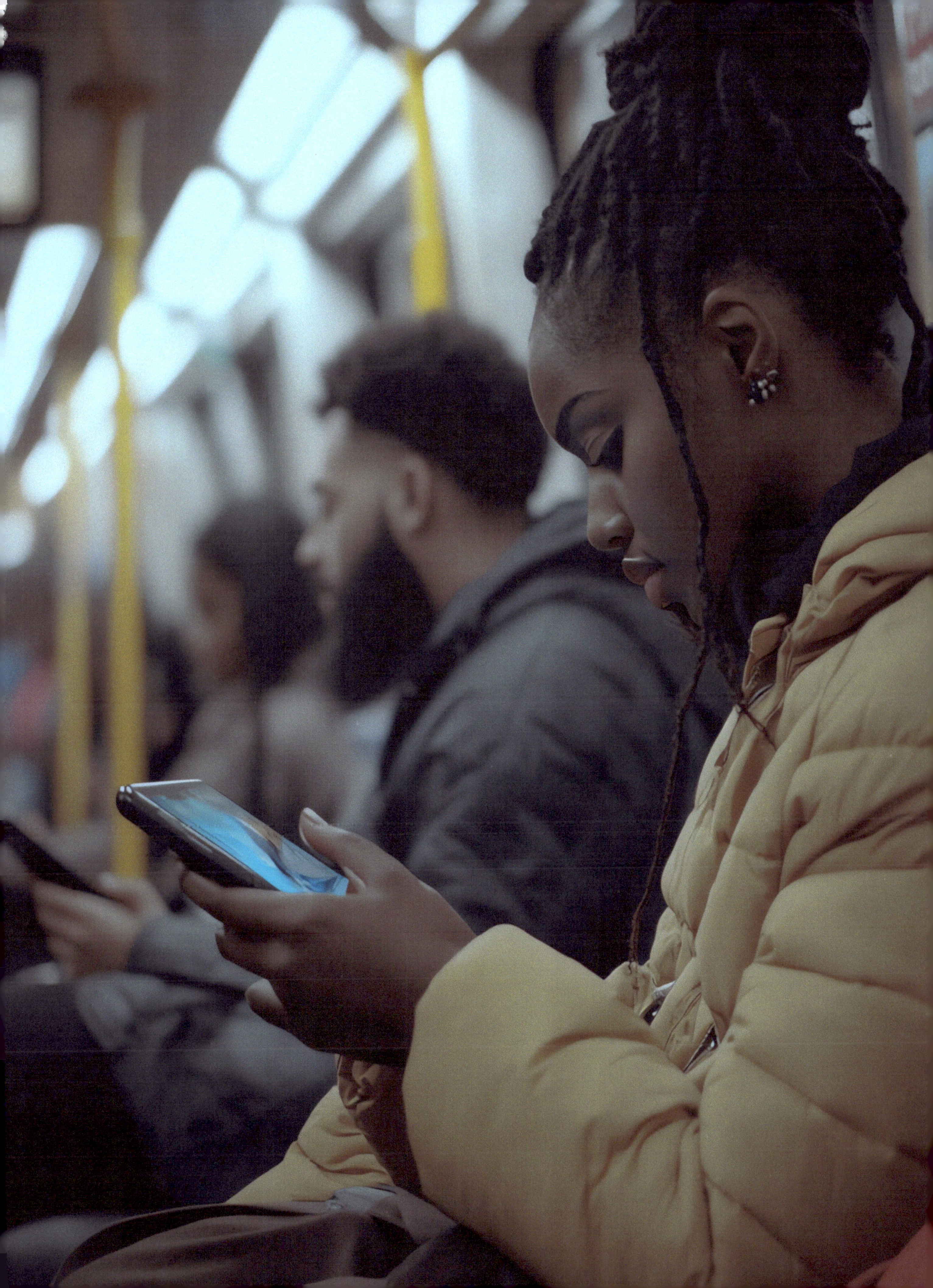

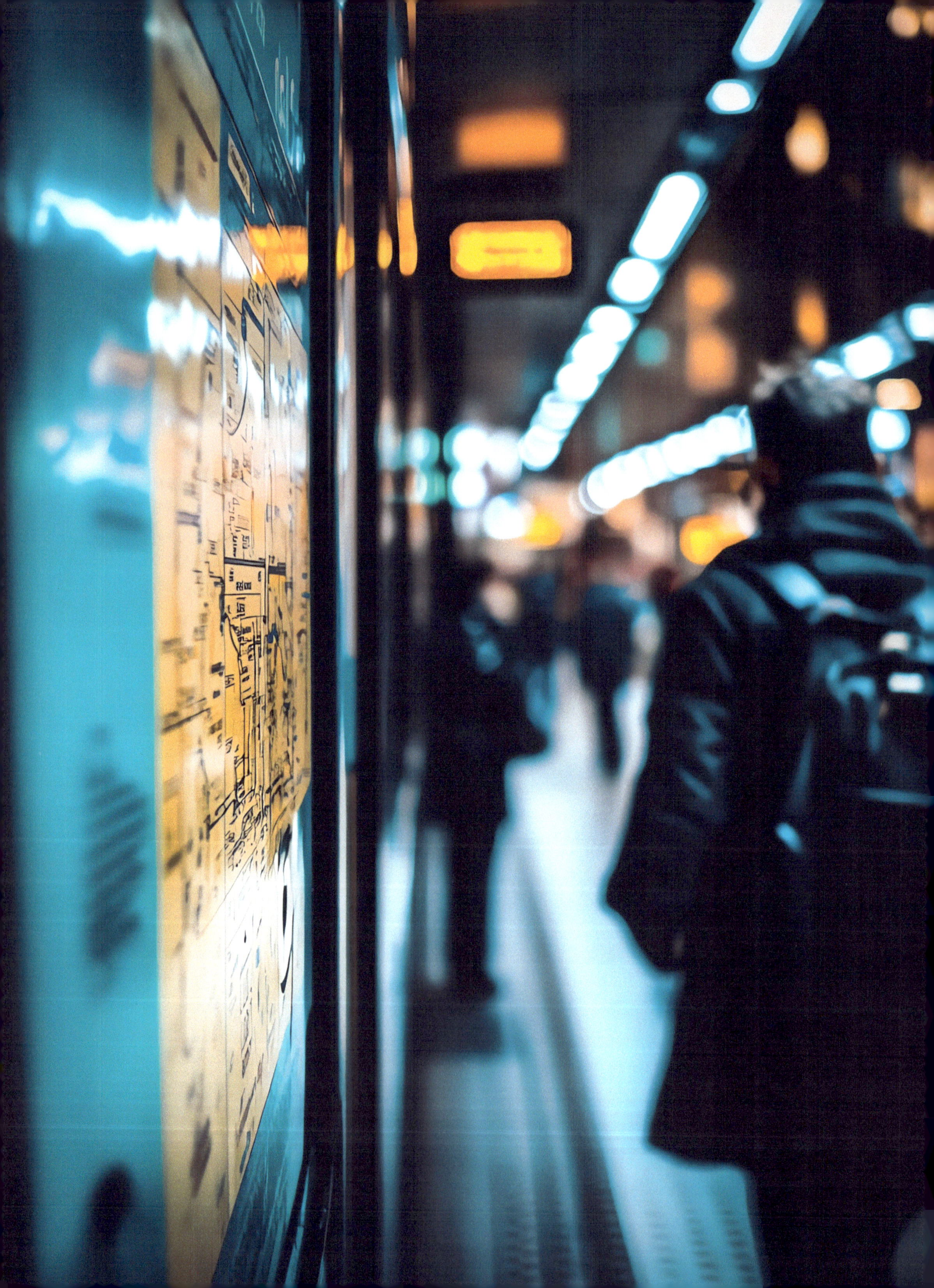

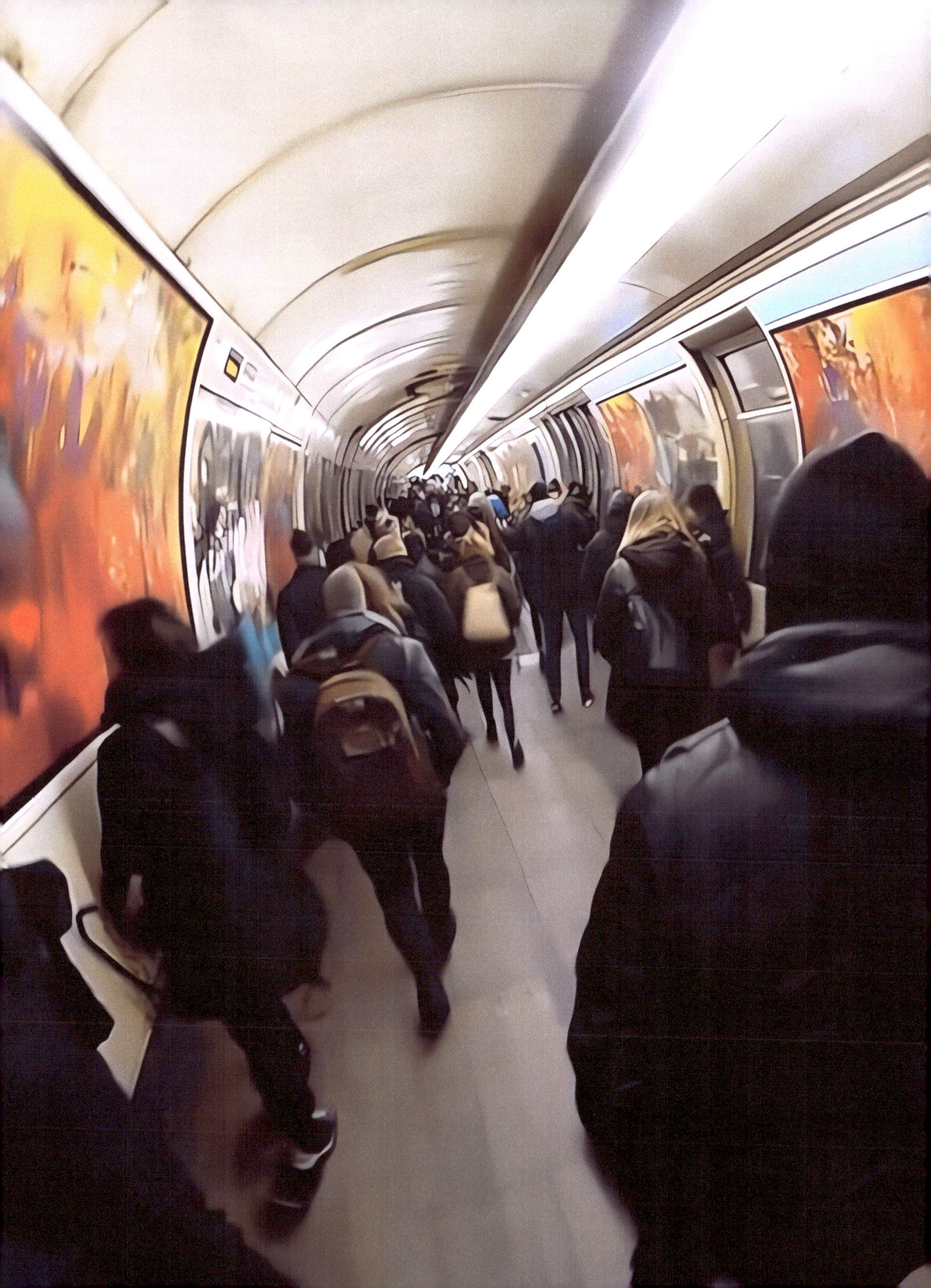

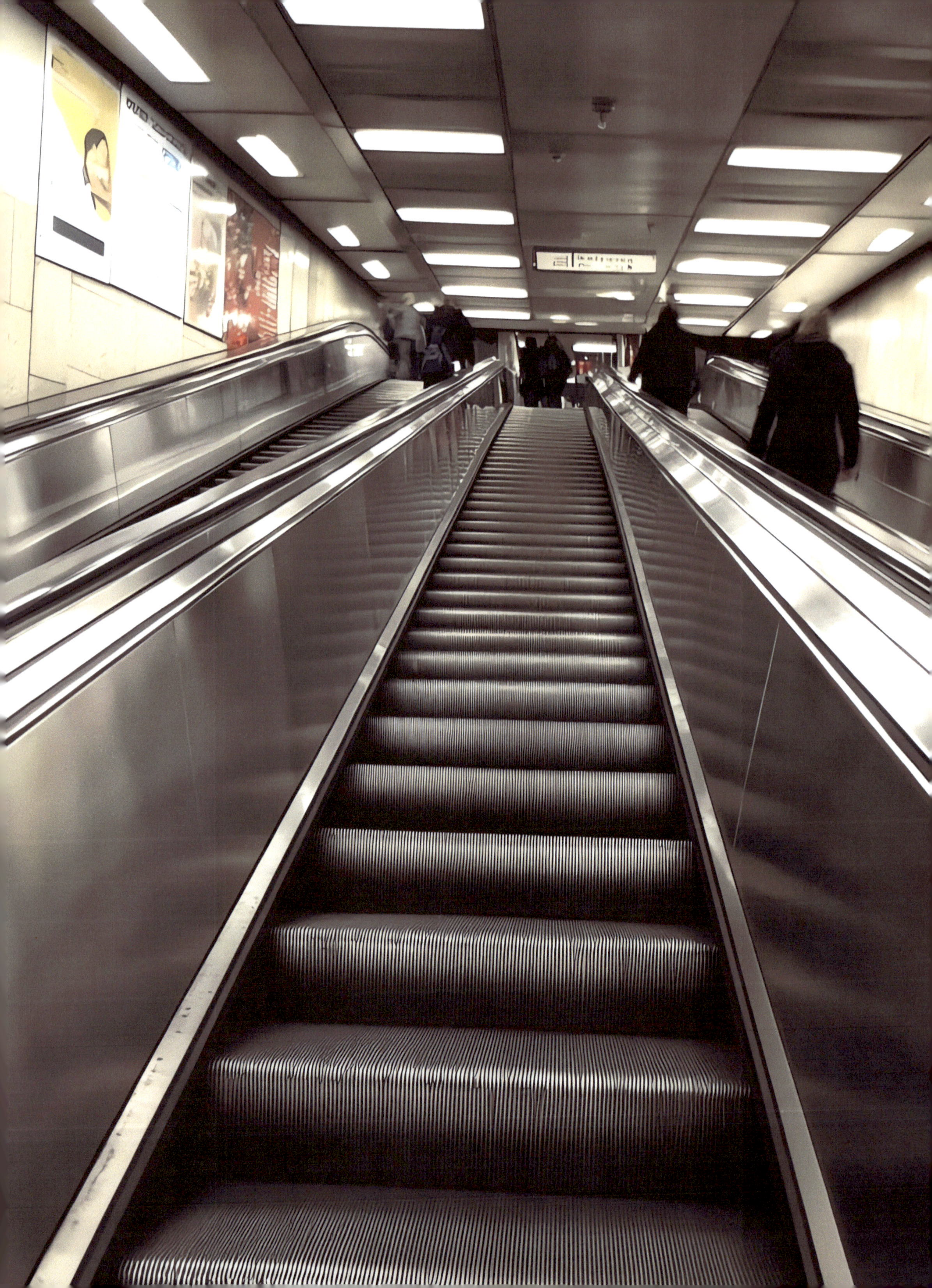

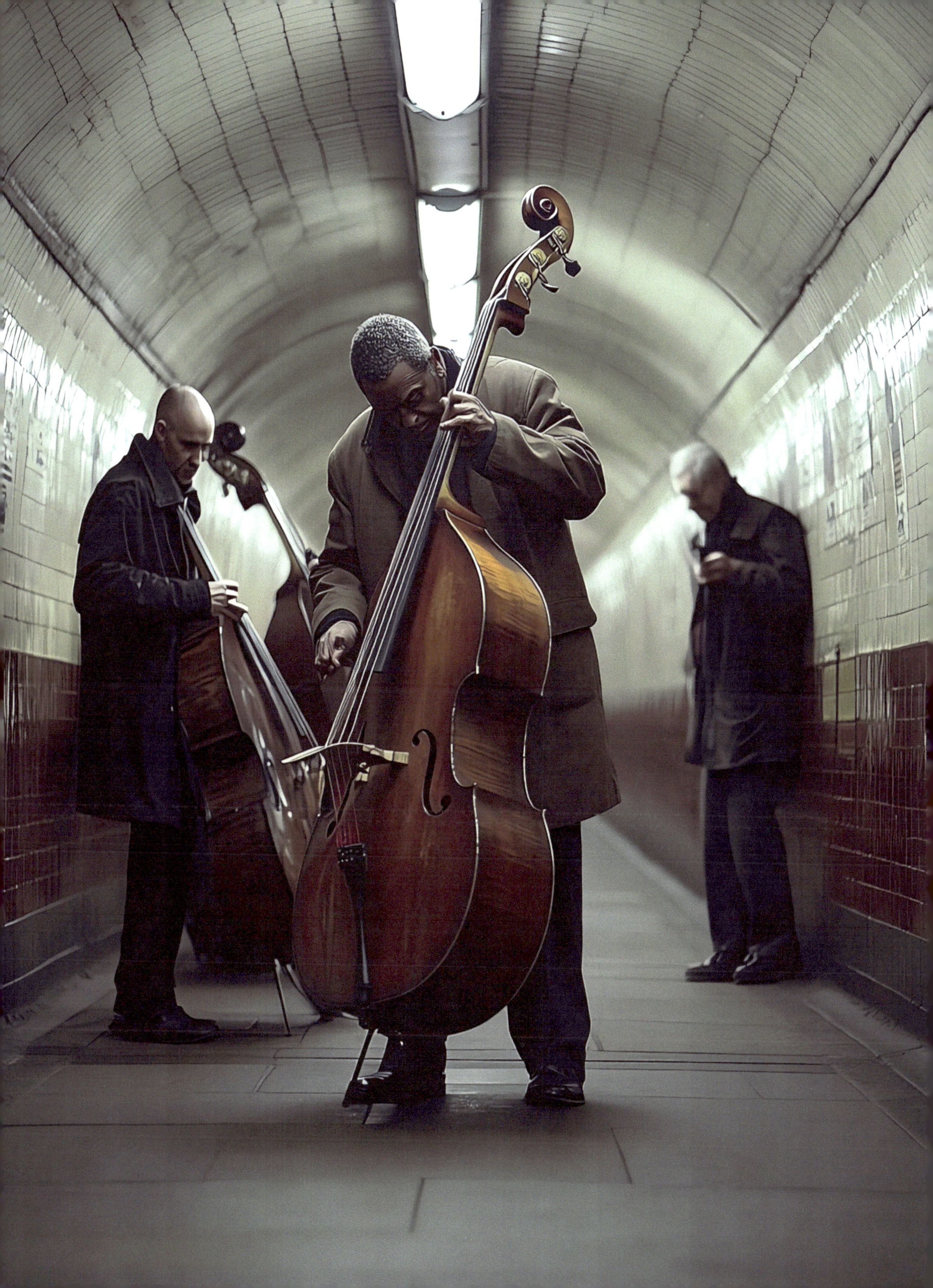

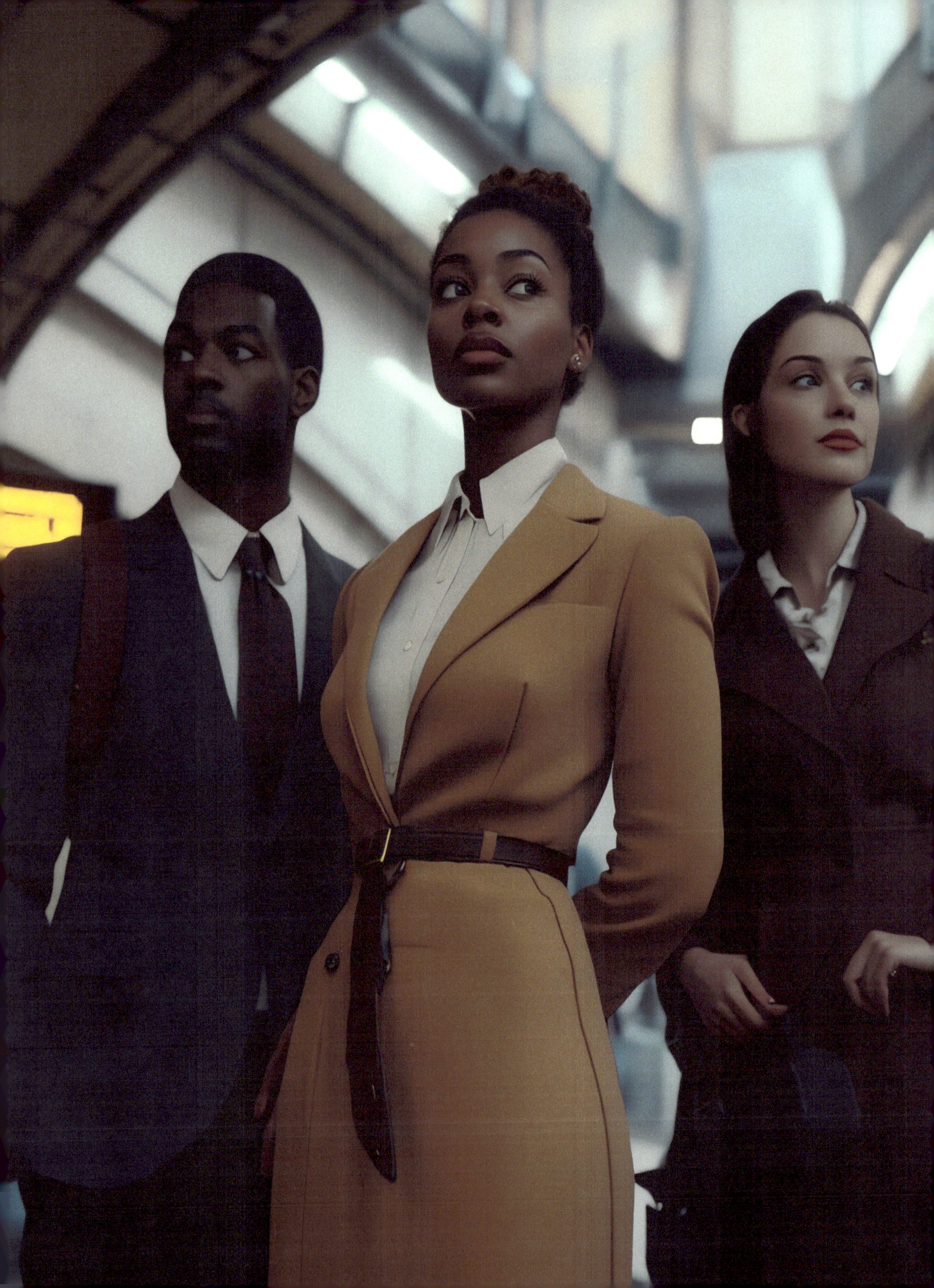

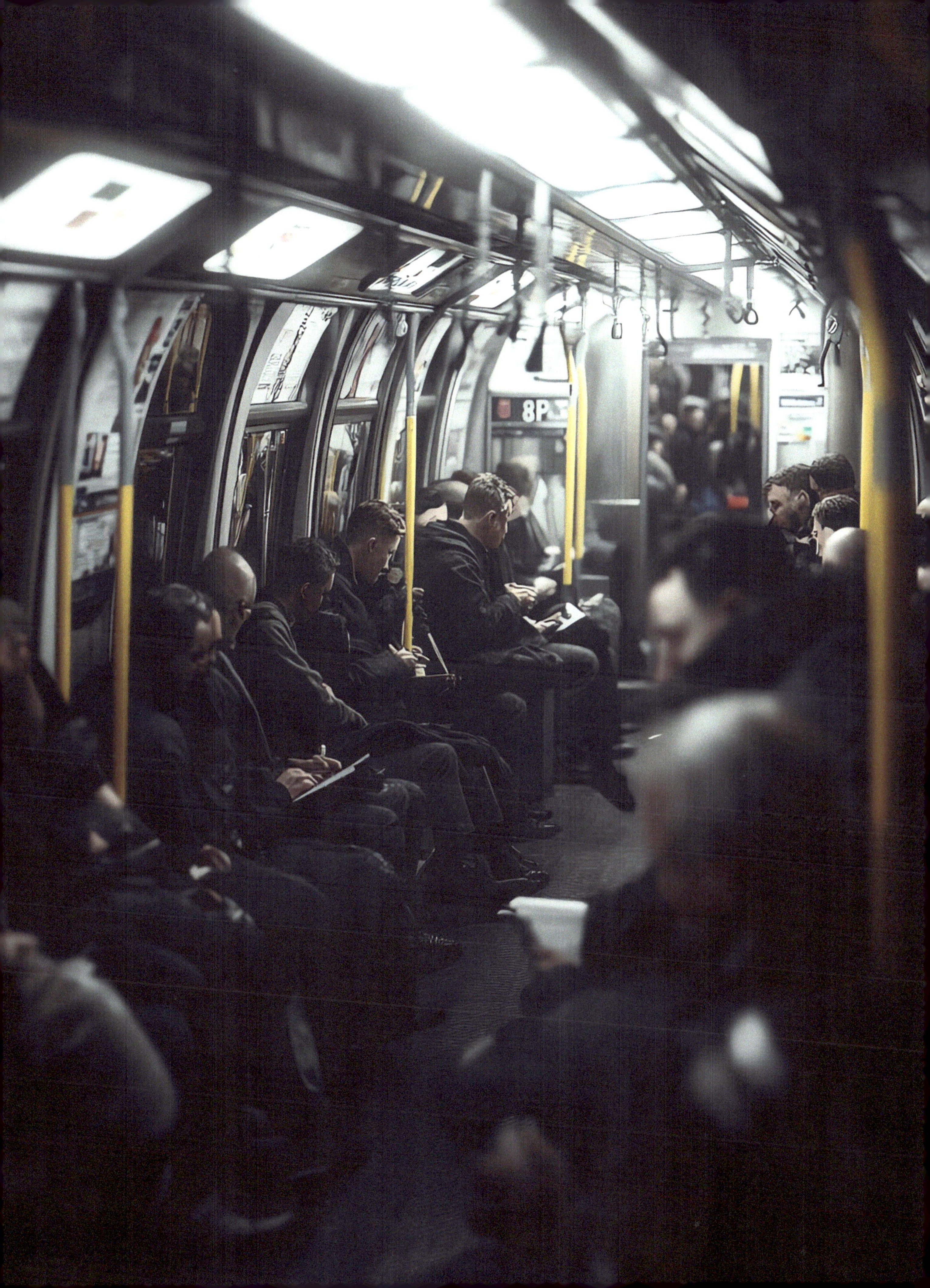
8P

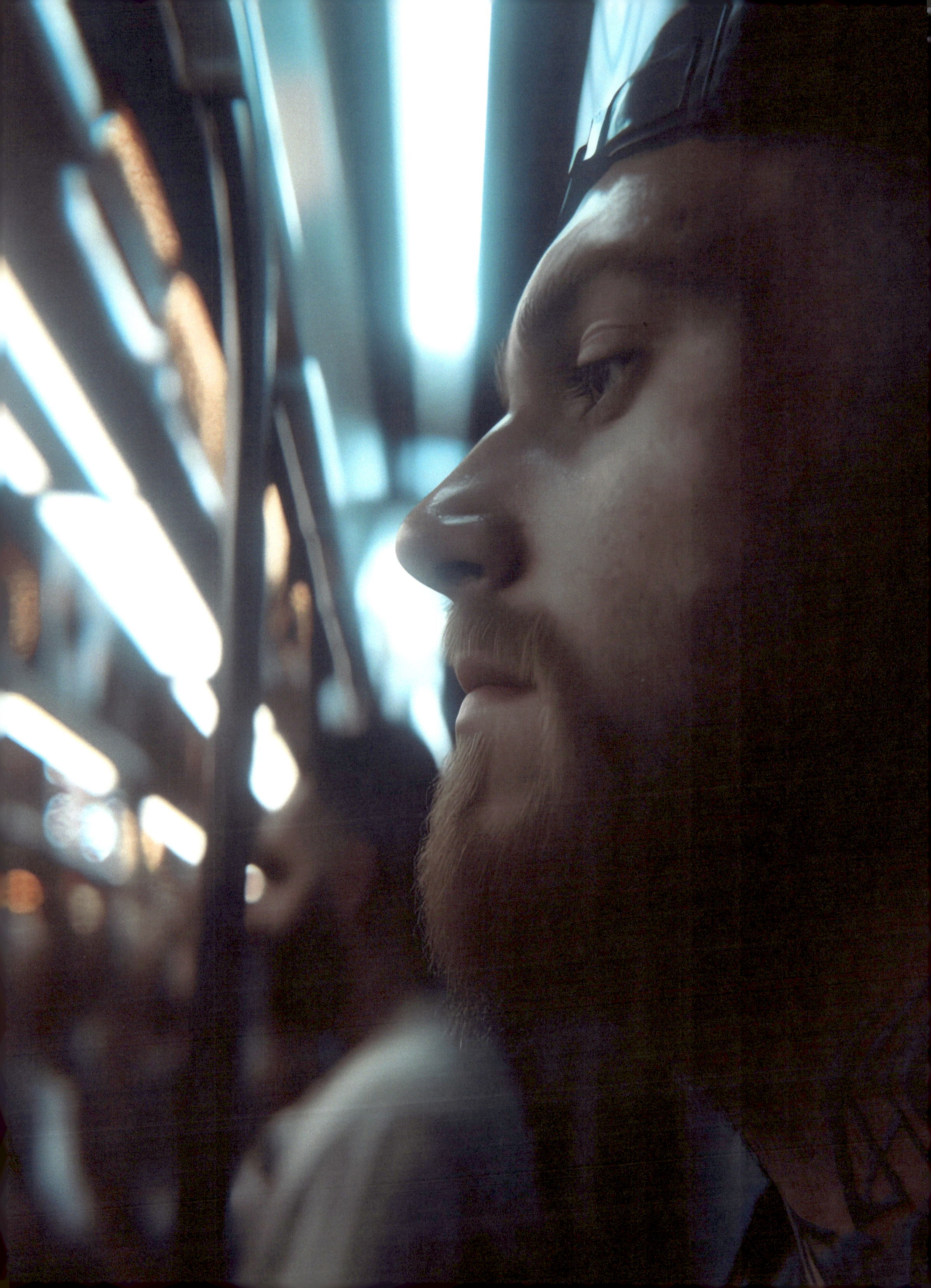

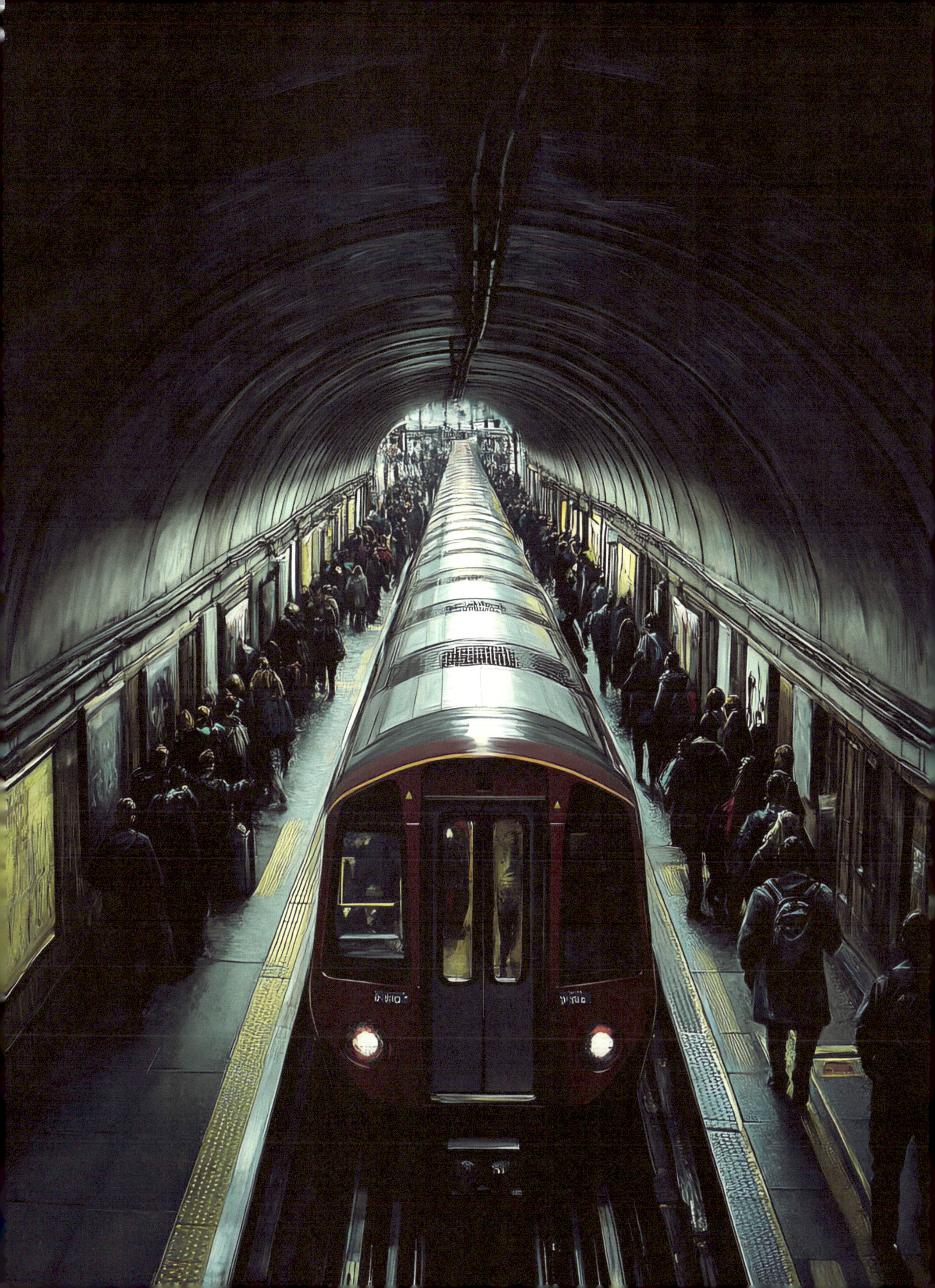

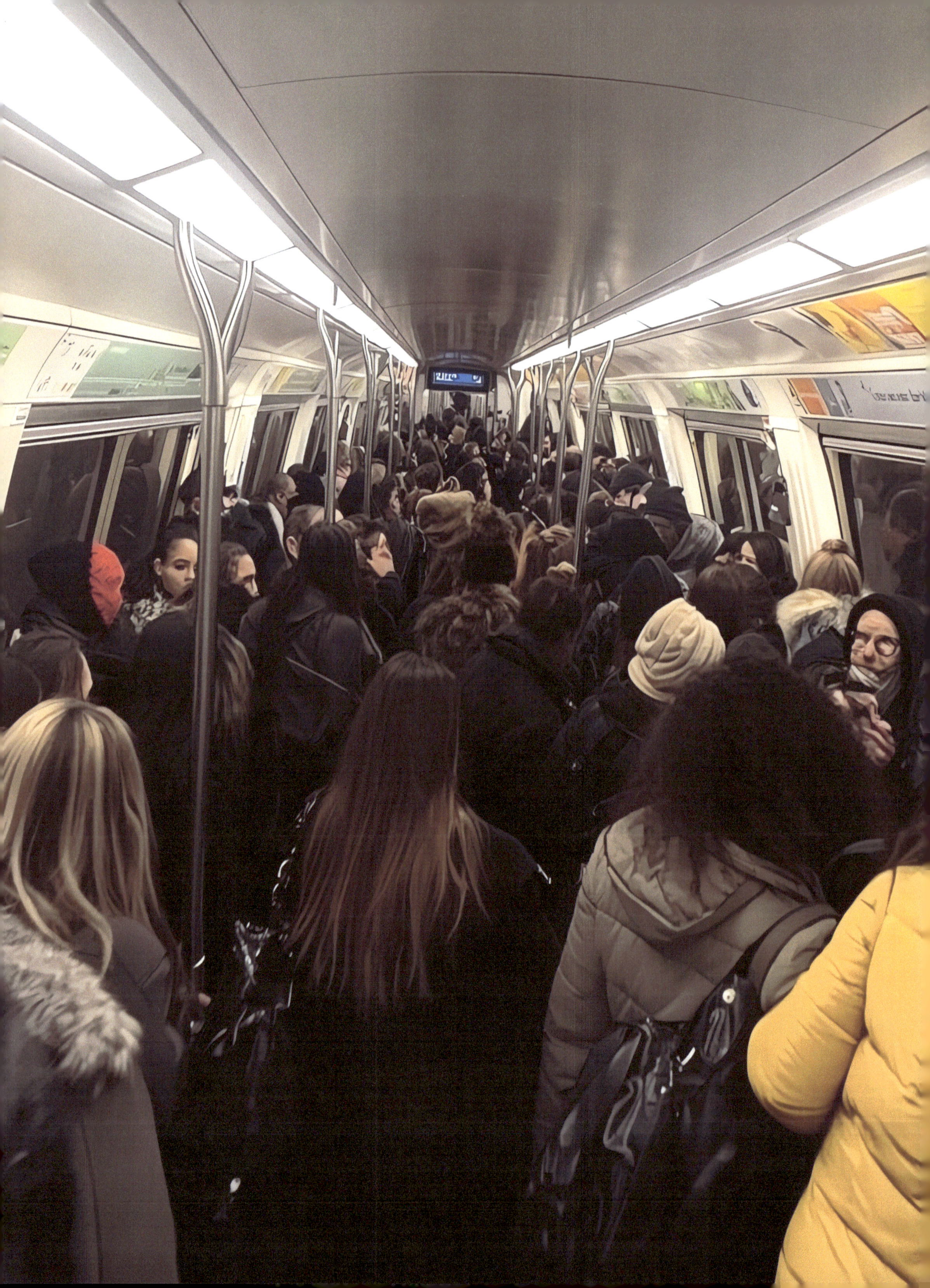

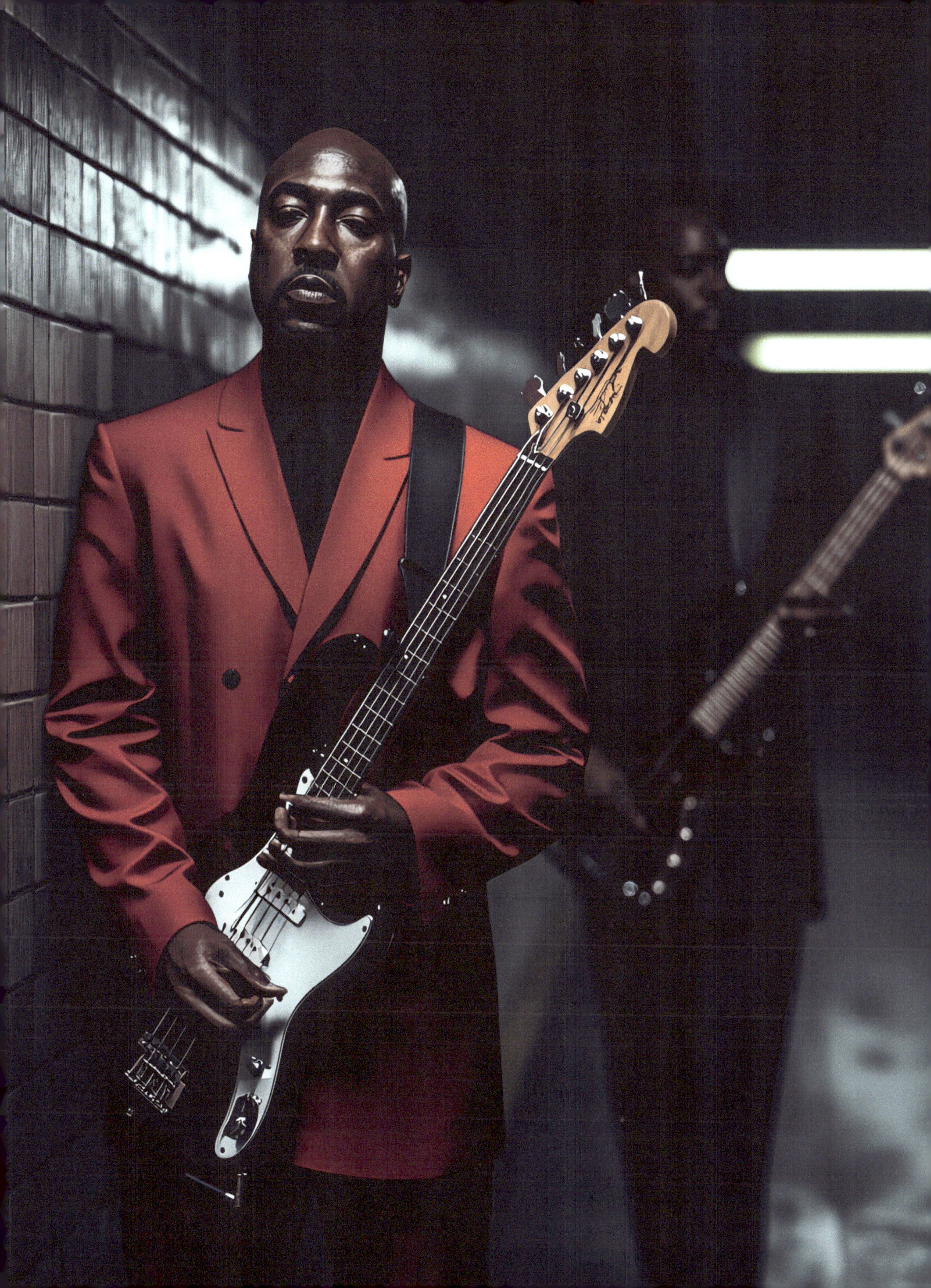

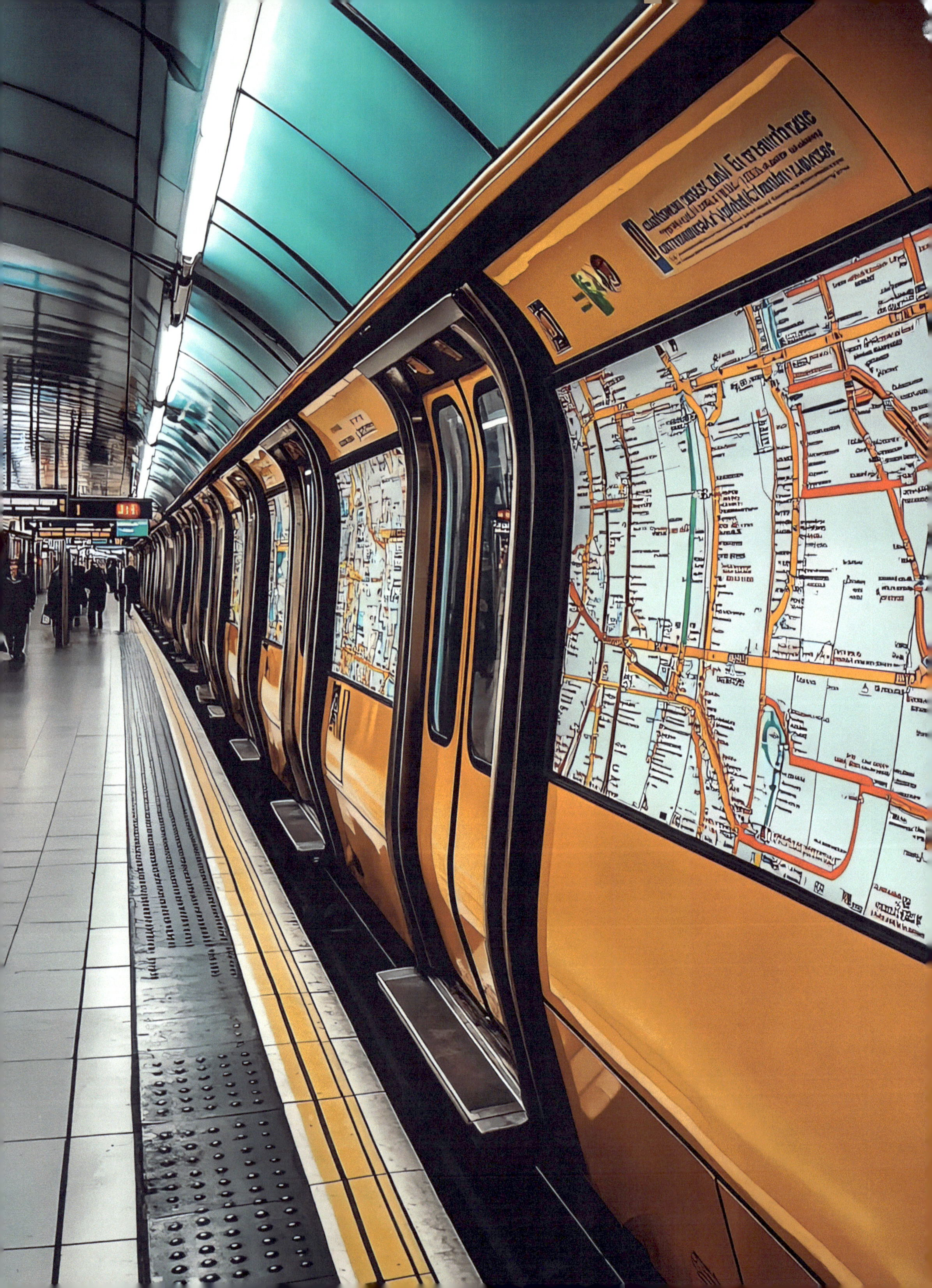

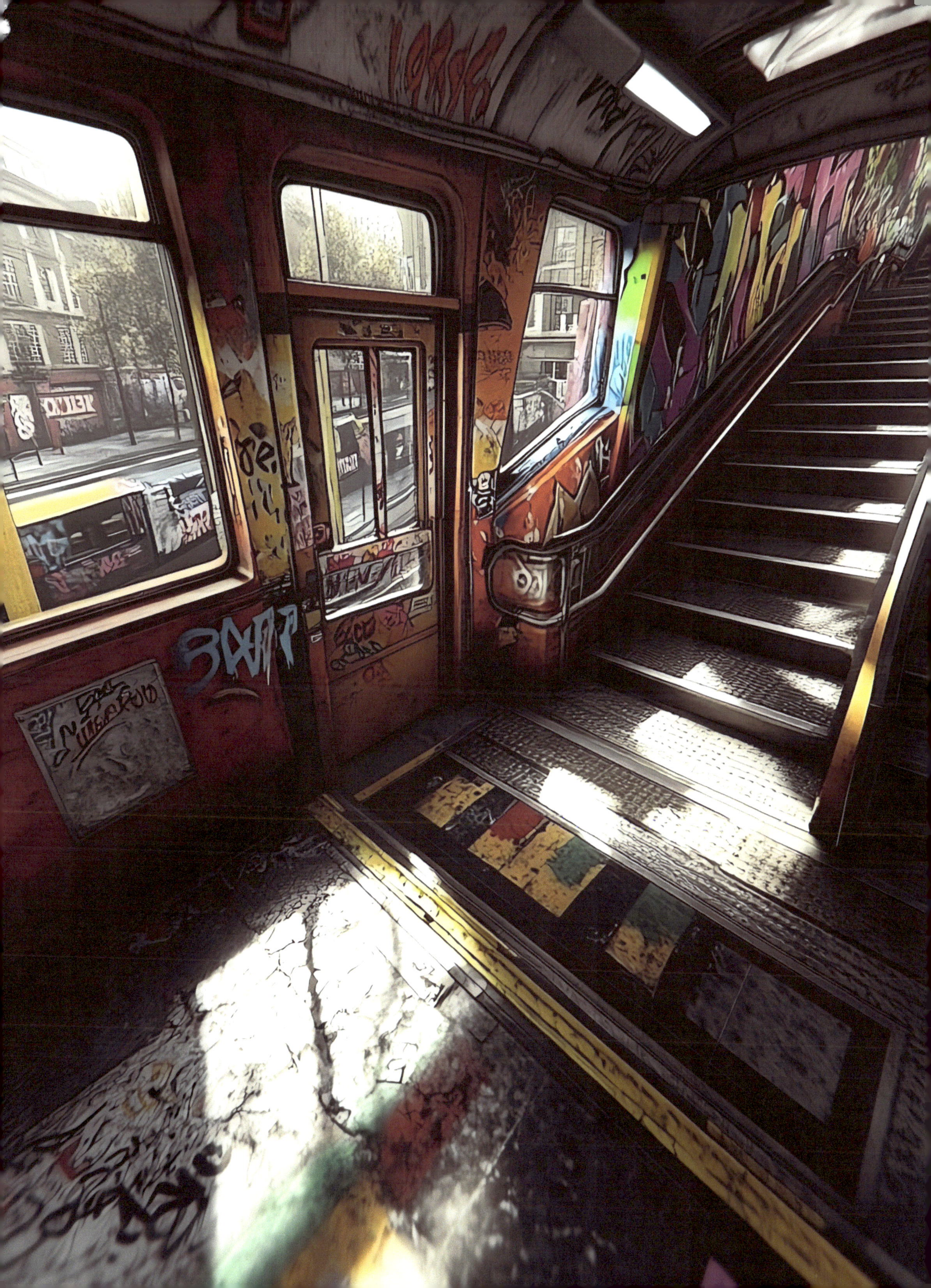

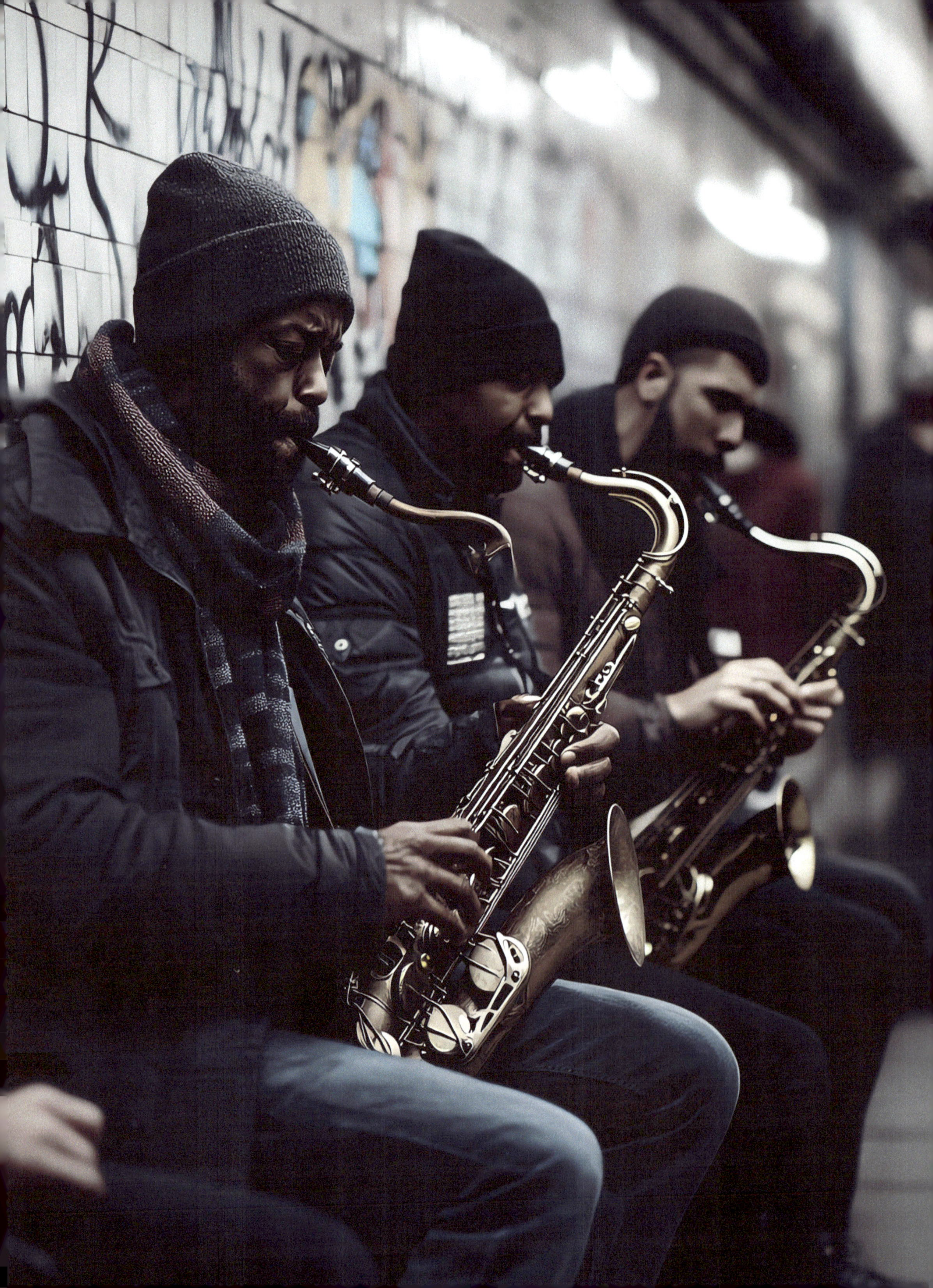

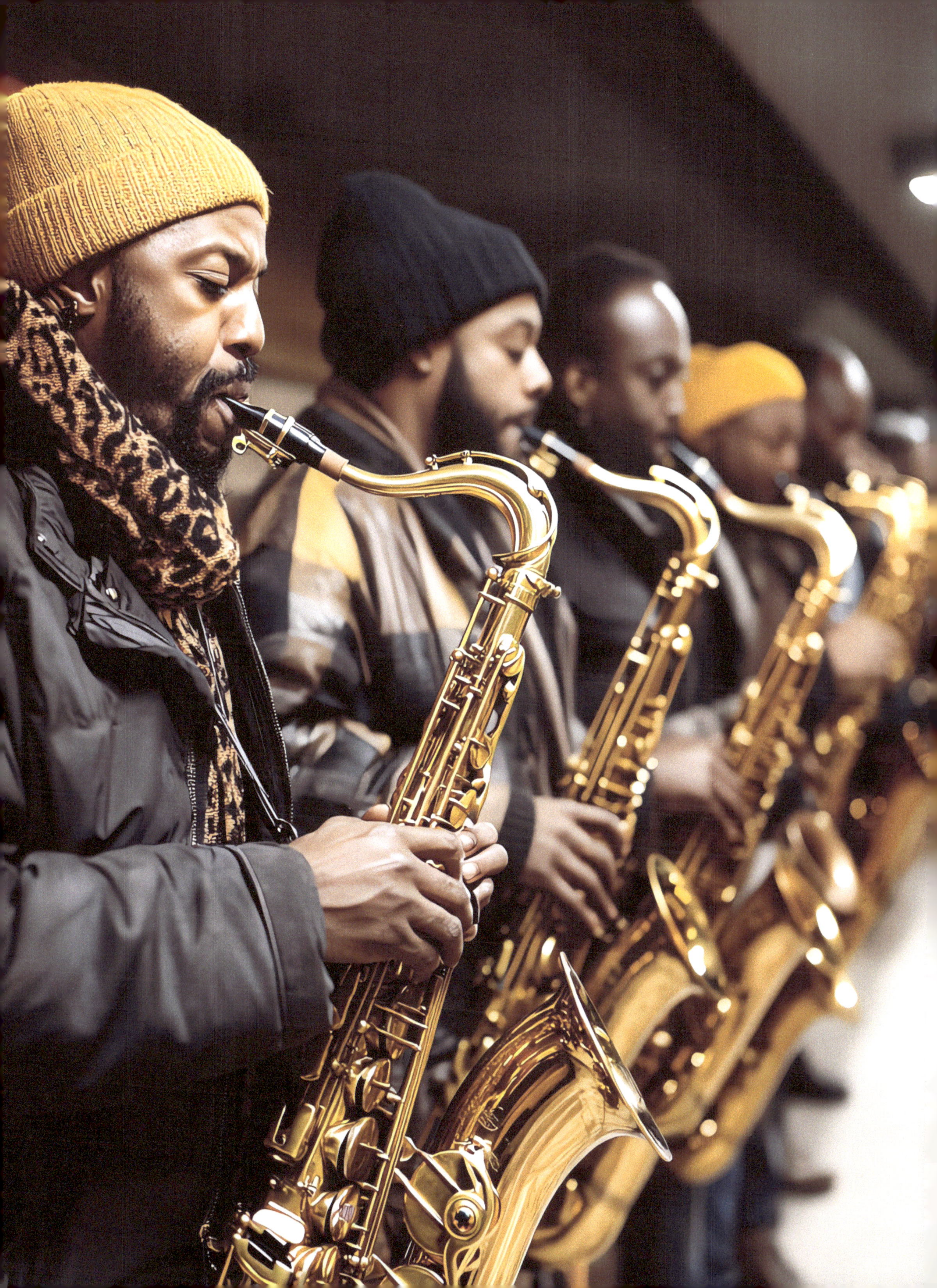

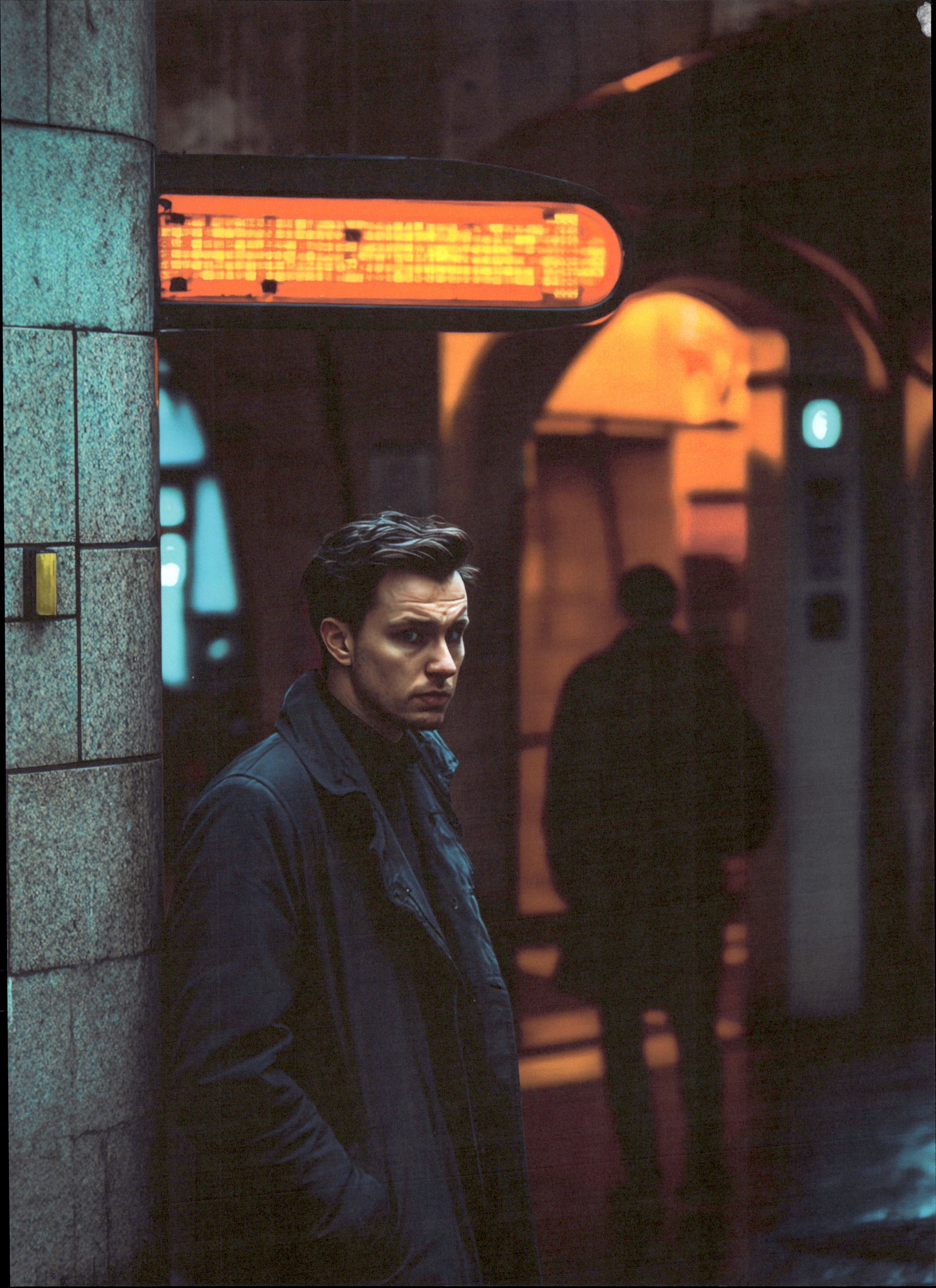

www.ingramcontent.com/pod-product-compliance
Lightning Source LLC
Chambersburg PA
CBHW040439220526
45473CB00004B/1478
9798302270733